Design for Presentation Education

プレゼンテーション
教育ハンドブック

●VUCAの克服のために

中野美香 著 Mika Nakano

ナカニシヤ出版

まえがき

　今私たちは，社会が急速に変化する予測困難な時代（＝ VUCA）に生きています。VUCA とは Volatility（変動性），Uncertainty（不確実性），Complexity（複雑性），Ambiguity（曖昧性）の４つの頭文字をとったものです。VUCA は冷戦後の複雑化した国際情勢を表す軍事用語でしたが，世界経済フォーラムなどで使われたことで今の時代を表す言葉として広く知られるようになりました。実際に，ここ数年で新型コロナウィルスパンデミックや自然災害，他国への軍事侵攻など多くの問題が世界中で次々に起こっています。本邦でも少子高齢化が年々加速する一方で，テクノロジーの進歩は金融・政治，働き方，娯楽など私たちの生活に大きな影響を与えています。

　確かに Nathan & James（2014）が指摘したとおり，VUCA 時代には「状況把握」と「行動に対する予測」の難しさがあります。他方，私たちには適切に情報収集して状況理解に努め，常識に囚われずに自分の価値観に照らし合わせ行動し，困難を乗り越える力が備わっています。一人でできることは限られていますから，周囲の人と多様な知恵を持ち寄れば鬼に金棒です。すでにボーダーレスになった世界においては，SDGs のように問題解決に向けた協力・パートナーシップのマインドが浸透しつつあります。さらには，一人一人がアントレプレナーシップ（起業家的精神・急激な社会環境の変化を受容し，新たな価値を生み出していく精神）を大事にすれば，今よりも豊かな未来を創造できるチャンスでもあります。

　それではこのような時代の要請に教育現場はどのように応えていけばよいでしょうか。筆者は，この答えの１つがプレゼンテーション教育であると考えます。それはただ授業でプレゼンテーションをすればよいということではなく，プレゼンテーションを学ぶ状況と VUCA 時代を生きることと関連づけ，その意味や意義を洞察する場として位置づけるということです。

　具体的に４つのポイントを例に考えてみましょう。１つ目は情報の見極めです。膨大な情報を受け取り，発信することができるようになった時代において，情報を取捨選択し，質の高い情報を選び取る訓練が必要です。プレゼンテーションでは情報をまとめ上げる際に，扱う情報を吟味し，それが適切かどうかファクトチェックするプロセスを重視します。２つ目は状況把握です。絶え間なく変化する状況に対応するためには，自身の作業の進捗をモニターする内なる目を育てると同時に，周囲から何を求められているか外部の動向をウォッチし，調整するマネジメントが求められます。本書が提案する並行反復学習法では，プレゼンテーションを通して適切に状況を理解し，次に何をすべきか先を見通す力を培うことができます。３つ目は意思決定と実行です。正解がない状況では何を判断の拠り所とするか意思決定が難しくなります。プレゼンテーションにおいても，完璧に発表したとしても聴衆がどのように評価するかはわかりません。またトラブルや直前の変更に応じて臨機応変に対応することも求められます。困難な状況でも質の高い情報をいくつか組み合わせ，周囲の多様な意見を参考に最適な形で実行に移す場数を踏んでおく必要があります。４つ目は学び続ける力です。プレゼンテーションは発表したら終わりではなく，行動の結果を振り返り，概念化し，次の機会によりよくできるように学習を続けるよう仕向けます。他者と議論をしながら関心領域の幅を広げるとともに，思考を掘り下げます。これまでの自分の考え方・やり方をアンラーンし（捨て去り），環境に対するしなやかな適応力を高めていきます。

　このように，VUCA 時代を生きることとプレゼンテーションの学習プロセスを重ね合わせることで，プレゼンテーションに求められる資質・能力のみならず，生きる知恵を育むことができます。正解がない世界を生きるうえでは，他者や状況に自分自身を開き，行動しながら学び続けることが

最も有効なのです。プレゼンテーションをするということは，その人の持つ心的なイメージを他者に向けて表現することに他なりません。そしていったん表現されたイメージはその人にとって新たな命題となり，知識構造の成長をもたらします。つまりプレゼンテーションは知識構造の基礎であり，個人のみならず学習コミュニティ全体の表象体系を豊かにします。

　プレゼンテーションの過程で困難に直面しても，学習者は「自分らしさ」を探求しつつ，他者と共に学ぶことの楽しさを発見するでしょう。学習者はその知恵と経験を武器に，自身のキャリアや人生を切り開いていくはずです。しかしながらそのプレゼンテーション教育自体が，何のテーマを選ぶのか，学習者からどのような成果が出てくるのか，学習者同士の相互作用をどのように扱っていけばいいのか，教師にとって VUCA であるという側面もあります。そこで本書では，プレゼンテーションに興味があり，授業に取り入れたことはあるが効果的な導入方法を知りたいという方を対象に，プレゼンテーションの教育設計やヒントについてまとめました。

　プレゼンテーションはコミュニケーションの一形態であり，プレゼンテーション教育が学習者にとって重要なことは昔から変わりはありません。しかし，VUCA 時代を生き抜く学びをデザインできるという点で，今，まさに混沌を生きる私たちにとって価値の高いものであると考えます。それは教師と学習者にとってプレゼンテーション教育が「VUCA 時代をどう生きるか？」という問いについての協同問題発見・対応・解決の場になり得ると考えるからです。プレゼンテーション教育が VUCA を生きる私たちに希望をもたらし，次の時代を動かす力になると信じています。

　最後に，本書はナカニシヤ出版の宍倉由髙氏のお力添えがなければ出版することはできませんでした。長きにわたり筆者の研究活動をご支援いただきましたことに心から謝意を表します。

2022 年 9 月 8 日

中野美香

目　　次

序　章

はじめに

　近年，プレゼンテーション教育への関心が高まっています。プレゼンテーションが上手になりたいと思いつつ，どうすれば上手になるのか，何を学べばよいのかよくわからないという人も多いようです。そもそもプレゼンテーションが上手ってどういうこと？という疑問もわいてきます。筆者は 2008 年度にコミュニケーション教育の一環でプレゼンテーションの講義を担当することになって，試行錯誤を繰り返しながらプレゼンテーションを学ぶこと／教えることについて考えてきました。その間，学習者たちが，講義中だけでなく，大学生活をどのように過ごし，卒業していったかを見ることでわかったことが 3 つあります。

　1 つ目は，学習者がプレゼンテーションに完璧さを求めがちなことです。例を挙げると，「聴衆に絶賛されるスライドを作る」「質問すべてに回答できる」ことを目指すなどです。しかし，完璧な発表は経験を積んでいても難しいものです。なぜなら，プレゼンテーションには自分ではコントロールできない要素がたくさん含まれているからです。他者の評価が気になってしまい，自分の言いたいことがわからなくなることも少なくありません。これでは，いくら準備していても完璧な発表にはたどり着けないために，自信を失ってしまいます。

　2 つ目は，プレゼンテーションが上手になるためには，発表技術だけ学んでいては難しいということです。例えば，文字の大きさ 1 つとっても，学習者が作ってきたものに対してアドバイスをした場合に，「でも，私はこれがいいと思うのです」と跳ね返されてしまうこともあります。これはスライドの「文字の大きさ」についての学習にとどまらず，そもそも「人に伝えるとはどういうことか」を意識し，「人の意見を取り入れながら発表をつくり上げていく」ことを学ばない限り，独りよがりのプレゼンテーションになってしまいます。他者の意見は大事です。

　3 つ目は，プレゼンテーションが授業中にうまくできても，他の場面で活かせなければ意味がないということです。学習者の感想を読むうちに，プレゼンテーションが提供する学習の範囲は想像以上に広く，自由で多様な学びに溢れていることに気づかされました。ですからその奥深さと面白さを知ることができたなら，学んだことをプレゼンテーションの授業だけでなく，他の授業や学外の活動，就職，日常のコミュニケーションにいくらでも応用することができます。プレゼンテーションの学びは講義を越えて学習者の人生に位置づけなければもったいないのです。

　このように，筆者自身もプレゼンテーションを通して学習者から多くのことを学びました。その中でもプレゼンテーション教育から示唆される最も重要なことは，プレゼンテーションの学びの核は発表ではなく準備のプロセスにあるということです。2012 年に出版された『大学生からのプレゼンテーション入門』では 15 回講義に合わせて具体的な実践方法を提案しました。本書は，このテキストを用いて様々な学習者との対話により明らかになってきたプレゼンテーション教育について，特にその活動の基盤となる見えない部分を実践と結びつけてまとめたものです。また本書の執筆中に遠隔講義を余儀なくされたことで，遠隔での教育方法も含めることとしました。まだ道半ばですが，筆者の経験から得た知見がお役に立てればこれほどうれしいことはありません。テキストの内側にも外側にも広がる豊かな学びの可能性を本書でご提案できれば幸いです。

これからの社会に求められる能力

　国際化・少子高齢化が日々刻々と進む本邦においては国際競争力を高める教育の重要性・緊急性

が増しています。共通点をほとんど持たない他者と協力して意思決定し，新しい社会を創っていくには，特定の領域だけで通用するスペシャリスト（specialist）や，広範な領域の知識をもつジェネラリスト（generalist）ではなく，領域横断的に多様なものの見方を駆使できるバーサタイリスト（versatilist：どのような場にもなじみ，どのような人ともコミュニケーションをとることができ，さらに自分を際立たせていく多機能な人材）が求められています（Gartner, 2005）。このような人材育成は，意味／価値／差異への敏感性を持ち，私たち個々が「違うことが当たり前」という認識をもつことを前提とする様々な授業・教育において，「相手と自分は何が違うのか？」「どうすれば違いを乗り越え＋αを生み出せるのか？」という解決思考を培うことが重要です。本邦では対話を中心とする授業・教育が増えているのですが，現状には問題点が２つあります。１つ目は同質性の高さです。学校での自文化を中心とした「同じことが当たり前」の対話では「相手と自分は何が同じか？」に注目が行き，「何が違うのか？」について深い省察が起こりにくいのです。周りの様子をうかがい多勢の意見に同調するような，差異に鈍感であってはなりません。２つ目は対話を深める手法が不足している点です。限られた授業時間内では学習者は意見を交換・理解するので精一杯です。お互いに差異を尊重しながら，要点を押さえ効率よく相互啓発までリードする教育手法が必要です。

　グローバル人材の育成において，自分の考えをまとめ，多様な価値観に触れることのできるプレゼンテーションは最適だと考えます。山極壽一京都大学前総長は第26回大学教育研究フォーラムのシンポジウム「2040年の社会と高等教育・大学を展望する」における「学術の展望と『大学』の未来」で以下の８つについて言及しました：①世界と時代の動きを見極められる視座，②自己のアイデンティティをもつ，③自己の目標をもつ，④他者の気持ちと考えを理解できる，⑤状況を即断し，適応できる，⑥自己決定できる，⑦危機管理できる，⑧他者を感動させる能力をもつ。これらは筆者が考えるプレゼンテーション教育が目指すところと重なる部分が多くあります。プレゼンテーションを学ぶということが社会的にどのような意味をもつのかを考え，テーマと社会的動向を結び付ける（①），自分が何を伝えたいのか深く自分と対峙する（②），プレゼンテーションを通して達成したい目標を明らかにする（③），聴衆の気持ちや考えを理解する（④），実際のプレゼンテーションでは状況を即断・適応し（⑤），自己決定する（⑥），どのような不測の事態が起こりえるのか想定し，それに対する危機管理をおこなう（⑦），プレゼンテーションを通じて他者を感動させる能力をもつ（⑧）。未来に向けて大学はこれまでの知識偏重から脱却し，既存の知識だけでなく未知の世界があることなど，授業を越えて実践につながり広がる体験に基づいた学びが求められています。一方でこのようにプレゼンテーションを貴重な学習の機会とするためには，単なる体験にとどまらないような仕組みが必要です。

　筆者は議論を対象に長年研究をおこなってきました。先行研究では議論は知識の精緻化・推論・省察を含む概念学習に寄与することや，社会的な自覚および協同的能力の開発に役立つことが示されています。その中でも，議論のプロセスを指す議論（アーギュメンタティブ・ディスコース：以下 ARG-DC と略す）の研究こそが日常実践への応用の点で研究価値が高いことがわかっています。特に，ARG-DC の発達（表１は思考面のみ抜粋）のうち，多様な観点・資源の取り入れる（c）の段階が発達しにくく，自己と他者の違いを越えた越境の土俵の発見が発達の鍵となっているという着想を得ました。越境の土俵とは，自己の域内の説明（図1: ①主張が曖昧で自問になっている状態，②主張はあるが根拠が自己完結的で相互作用を生み出さない説明）を越え，③相手の文脈に飛び込み，相手と自分の主張を関連づけ，両者を越境し新しい価値を生み出すことが可能となる場のことを指します（p. 19参照）。プレゼンテーションにおいて積極的に議論を取り入れるということ，そしてその議論はプロセスを重視するアーギュメンタティブ・ディスコースである必要があり，

自己と他者の差異性に着目した越境の土俵の発見がプレゼンテーションのプロセスにおける最も重要な課題となります。そのため，プレゼンテーションを作成する過程を区切り，区切り目ごとにグループで進捗状況を発表し合い，お互いにアドバイスを得たり，他者の発表から新しい視点を得たりすることが重要です。もし自分一人で準備をしてしまうと，多様な意見が反映されないだけでなく，閉塞感によって楽しさを感じにくくなるでしょう。このように状況や他者に開くことによってプレゼンテーションの質が高まるだけでなく，そのことが自分の考える力を伸ばし，何より楽しさ＝フローにつながります。

　私がいくつかの大学で教えた経験では，大学1年生でプレゼンテーションを経験した学習者は以前より増えています。経験がなくてもプレゼンテーションが人生にとって大事なもので，上手になりたいという認識は広く受け入れられているようです。これはアクティブラーニングを導入する授業が増えたことによる成果と言えるでしょう。一方，教育の現状は小中高のほとんどの授業では教科書の範囲が決まっていて，その中で重要な知識を暗記し，求められる回答を導き出すことによって良い成績がとれるようになっています。そして，良い成績がとれれば偏差値の高い大学や学部に入学できます。このような学びの結果が重視される経験を重ねて多くの学習者が大学での学びをスタートします。これを結果主義の学びとしましょう。

　良い成績，つまり結果を出すことは重要ですが，大学では学びの結果を評価する方法が多様になります。高校までのような範囲が決まっているなかで正解が求められる試験を受ける場合もありますが，自分なりに問いを立てて探求するような問題が増えます。1回の試験で成績がつくだけでなく，毎回の講義で課題を解決し学びを蓄積していくことで評価され，プレゼンテーションをすることで理解を確かめる授業もあります。大学では結果がまだ確定していない検証中の新たな発見に触れることもあります。また，大学で良い成績をとると良い会社に推薦をもらえることもありますが，やりたいことを見つけて適職に就くことと大学の成績はあまり関係がありません。卒業後，結果だけ追い求めても長い目で見ると自分の成長が感じられず，やりたいことがわからなくなることもあります。むしろ高校卒業をしても同じように正解をせっせとインストールし続けるものの，それが役に立たない現実に直面した時に大きなショックを受けるかもしれません。つまり，外部から与えられる正解に自身を適合していくのではなく，自分自身で主体的に何が正解かを試行錯誤しながら探求していくことが求められます。これをプロセス主義の学びとしましょう。

　プレゼンテーションを結果主義の学びとして捉えると，いかにして本番の発表で聴衆の心をつかみ，質疑応答が活発で，賞賛を得られるかということが主眼になります。これに対して，プロセス主義の学びとして捉えれば，プレゼンテーションを作り上げていく過程で自分が本当に伝えたいことを深く考えたり，使用するデータを吟味したり，他者の意見を取り入れたり，自分がいかに納得して本番を迎えるかということに重きが置かれます。もちろん結果主義のプレゼンテーションは実務的な意味において重要です。社会人でプレゼンテーションをするのに結果は気にしないということでは会社は困ってしまいます。一方，大学生を対象とした本書はプロセス主義の学びを重視します。その理由は，大学生は発達途上にあり，プロセス主義でなければプレゼンテーションは上達し

表1　ARD-DC の発達モデル(中野，2013)

段階		アーギュメンタティブ・ディスコース領域でできるようになること
難	a	相互啓発による自己・他者・世界観の広がり
	b	瞬間的に考えをまとめつつ，相手のことも考える
	c	自分の中にない多様な観点・資源の取り入れ
	d	他者や状況に開かれ，自他の意見が変わる
易	e	自他の考えの差を明確にし，未知の世界に気づく

ないからです。プレゼンテーションでコントロールできることとできないことを分け，コントロールできることに集中します。プレゼンテーションを学ぶということは，自分の考えを他者にわかりやすく伝え，他者からフィードバックをもらい，他者の学びを参考にさらに考えを深めていくという終わりのないループであり，そのプロセスこそがプレゼンテーションの学びの貴重性を高めると考えています。自分が少しずつ上手になって，他者に受け入れられたという実感をもてることがプレゼンテーションを学ぶ原動力となるからです。

これまでの実践と本書の位置づけ

　筆者は大学時代にイギリス式のディベート（パーラメンタリーディベート）に出会い，学習環境とそこで育まれる価値やスキルの関係に興味をいだきました。2000年前後の当時，日本ではアメリカ式のディベートが主流で，イギリス式のディベートは一部の大学のサークルを除いてほとんど知られていませんでした。イギリス式とアメリカ式のディベートの大きな違いは，多様な聴衆を想定しているかどうかです。イギリス式は国会を模しており，一般聴衆に向けた演説ではユーモアやわかりやすさを大事にしています。これに対して，アメリカ式は裁判を模しており，証拠資料の綿密さや緻密な論理を大事にしています。ディベートと一言に言っても，何を目的に始まったかによってその活動が重視する価値が異なります。専門家の世界におけるコミュニケーションを学ぶにはアメリカ式のディベートが優れているでしょう。一方，基礎的・汎用的なスキルとしてプレゼンテーションを捉えた時には，多様な聴衆を想定するイギリス式の考え方が参考になると考えます。イギリス式はレトリックの実践としての歴史があります。

　筆者が最初にカリキュラムを設計したのは，福岡工業大学工学部電気工学科で2007年度に導入されたコミュニケーション教育科目群です。当時は社会的にコミュニケーション能力の重要性がそれほど浸透していなかったため，準備ができていない学習者に教えるために工夫を重ねました。その後，2011年より同科目が全学部の必修科目として水平展開され現在に至ります。2018年度からは教養教育カリキュラムの基幹科目である「知と教養」をSTEAM教育の枠組みで開発・実施しています。これまで暗中模索のなかで「難しい」「不安だ」という感想があれば「それはなぜ？」と聞きに行き，ティーチングアシスタント（TA）と一緒に対策を考えました。逆に「うまくまとまった」「自信がついた」という前向きな感想があれば，「それはなぜ？」と聞いて多くの学習者が学びに没頭できる方法を理解してきました。「こうあらなければならない」という押し付けができない状況で，「どうあるべきか」を学習者と一緒にボトムアップで積み上げることができました。また，工学分野で始まったコミュニケーション教育は存在意義を示すために成果を出すことが求められました。つまり，講義の中での閉じた学びでなく，それが時空間を越えて就職活動など講義外で成果を出すために講義で何ができるか，プレゼンテーションの生きた知識を獲得することを通して能動的な学習者をどう育てるかという問いももつようになりました。

　この間，本邦ではアクティブラーニングが全国的に普及し，大学のみならず小中高でも学習成果を高める手段・方法として多様な授業で導入されるようになりました。導入当初とは大学生の意識も大きく変わり，大学生のほとんどはコミュニケーション能力が重要で，自分のコミュニケーション能力を向上させたいという考えを少なからずもっているように感じます。プレゼンテーションはディベートなどの他のコミュニケーション教育の方法と比較して，準備から発表まですべての段階で多様な言語活動を含み，テーマについては学習者のレベルや関心に応じて専門的なものから教養の内容まで難易度を条件に応じて調整できるなど利点が多いのです。一方，いざプレゼンテーションを教えようとした時に，発表時間やグループ編成，テーマ選びなど授業設計の骨子となる活動の選択肢が無数に存在することが教師や学習者の悩みの種にもなりえます。「プレゼンテーションを導

入したいが，具体的にどのように目的に合わせて導入すればよいかわからない」という悩みをもつ教師は多いものです。学習者も条件を変えてプレゼンテーションのスキルを訓練する機会はほとんどありません。そのため TED など YouTube で視聴できる一流のプレゼンテーションを表面的に模倣するようなプレゼンテーションも増えています。教師も学習者もプレゼンテーション教育について全体像がつかめないまま翻弄されているといっても過言ではないでしょう。限られた授業時間内でプレゼンテーションをどのように教え，何をどのように評価するかについて体系的な理解を提供する書籍が求められています。このような背景から，学習者のレベルや関心，時間的制約を勘案した最適な教育を支援する書籍およびそれを中心としたコミュニティが必要不可欠であると考えました。筆者の実践研究から得られた知見の中で最も重要な点は，プレゼンテーションを教えるためには，その人がプレゼンテーションのよき学習者でなければならないということです。授業づくりにおいては，立場に関係なく授業に関わる全員が他者との関わり合いのなかから学びを深められるようなコミュニティづくりが第一歩となります。

　以上を踏まえ，本書は基礎的・汎用的能力の 1 つとしてプレゼンテーション能力を捉え，プレゼンテーションの学びのプロセスに重点を置き，深い学びにつながるプレゼンテーション教育の方法と実践事例を紹介します。本書はプレゼンテーションを教えたい／学びたいすべての学習者を対象に，現代が求めるプレゼンテーション教育とは何か，その考え方と具体的な学習方法をまとめることを目的とします。プレゼンテーションの場は教育を目的としているため授業を主な対象としますが，就職活動や卒業論文のプレゼンテーションはもちろんのこと，社会人にとっても役立つ内容を含んでいます。なお本書は筆者の過去の知見を総括するため，一部，既出の書籍や論文をもとに加筆した箇所があります。その場合は本文にその旨を説明し，巻末に引用文献を載せました。

本書の構成

　本書は前半が理論編，後半が実践編で構成されています。前半にあたる第 2 〜 5 章では議論教育の考え方である VECT に沿ってまとめました。本書はプレゼンテーションを多様な声を 1 つにまとめていく点で，ある種の議論の営みと捉えます。筆者はこのような議論を含む教育には以下の 4 つの主要素があると考えます：①価値（Value），②学習環境（Learning Environment），③カリキュラム（Curriculum），④教師の学習観（Teachers' belief）（中野，2018）。それぞれの頭文字をとって VECT と呼びます。①価値は，議論を何のためにおこなうのか，どのような価値を提供できるのか。②学習環境はそのプレゼンテーションがおこなわれる聴衆の人数や手伝ってくれる人など人的，空間的，物理的環境の考察を含みます。③カリキュラムは，学校であればどのような科目のどこにその議論が位置づくのか，導入としておこなわれるのか，成果として発表されるのかの問題です。④教師の学習観はプレゼンテーションを教える教師の「教え・教わる」ことに対する認識を指します。各々の立場に関係なく相互に学び合うという考えから，本書では教師だけでなく学習者の学習観のあり方の考察も当然含みます。これらの 4 要素は相互に関連し合っています。

　後半にあたる第 6 章は，プレゼンテーションの実践に関連するポイントを以下の 5 期に分けてまとめました：形成期，混乱期，機能期，統一期，発表・振り返りの 5 期です。このうちはじめの 4 つの期が準備段階で，最後が発表と発表後になります。準備こそがプレゼンテーションの学びの中心であると考える本書は，準備段階から発表後までのプロセスを段階的に丁寧に進めていくことを重視します。プロセスを詳細に分けることで，学習者は見通しを立てることができます（☞各期の特徴は「プレゼンテーションが完成するまでのプロセス」（p. 55）を参照）。なお各期に含まれる項目の順番は学習の順番と必ずしも一致しません。プレゼンテーションの学びは進んでは立ち止まって，また違う方向から考えることで進んでいくものと考えます。そのため，興味のある部分だ

けを参考にしてもらうだけでも効果があります。

　本書はプレゼンテーション実践家のコミュニティ形成もねらいとするため，巻末に資料がダウンロードができるウェブサイトや双方向のコミュニケーションのためのコミュニティを紹介します。

定義と目的

　本論に入る前に，本書のプレゼンテーションの定義と目的について述べます。プレゼンテーション（presentation）は実演，発表，企画案などを意味します（中野，2012）。「プレゼンテーションする」という表現は，複数の人の前で自分の考えや計画を他の人に聞いてもらうことを指します。プレゼンテーションの主な目的として，聞き手に内容を理解してもらい「納得させること」と，その内容を踏まえて何らかの行動を促すように「説得すること」があります。どちらにおいても，伝えたいことがきちんと伝わらなければ始まりません。そのため，言いたいことをただ伝えるだけでなく，聞き手の視点からどう見えるかを考えて，主張を組み立て（内容），わかりやすい説明をおこない（構成），理解しやすい方法で話します（伝え方）。なお，本書では準備から発表までの活動の総称として「プレゼンテーション」という用語を用いているため，本番の発表を指す場合は「発表」と示します。

　表2に示したとおり，プレゼンテーションは使用する道具によって大きく2つに分類できます。1つ目は，紙に書いた文字を読み上げるタイプのプレゼンテーションです。これはスピーチ，演説とも呼ばれますが，大きな分類ではプレゼンテーションの1つと考えられます。このようなタイプのプレゼンテーションには言語情報と音声情報が含まれます。2つ目のタイプのプレゼンテーションは，PowerPointなどのプレゼンテーションのソフトを用いたものです。前者と後者の違いは視覚情報が含まれるかどうかです。本書で扱うプレゼンテーションは後者ですが，スライド（投影画像）の作成を除けば前者にも共通しています。視覚情報の有無によって言語化される説明の量も変わります。

　スライドを用いたプレゼンテーションでも，視覚情報と言語情報の量のバランスは状況によって異なります。例えば，視覚情報の量が多い場合は聴衆に見て理解してもらうために説明は補足的になるでしょう。このように言葉で厳密に内容を規定せずにイメージで伝えるプレゼンテーションは，就職活動の自己PRやサークル紹介など比較的自由度が高い，カジュアルな場面でおこなわれます。一方，言語で説明する量が多い場合は視覚情報が補助的になるでしょう。言語が中心のプレゼンテーションは，学会発表や授業など専門用語を用いて詳細に意味を伝えるような比較的フォーマルな場面でおこなわれます。本書では多様なプレゼンテーションを理解するために，大学生がプレゼンテーションをする状況を公式度と専門性の高低により4つに分けました（図1 ☞ p. 65「聴衆と共有する知識を見極める」を参照）。本書の内容を理解するうえで具体的なプレゼンテーションの状況を想像していただくと効果的です。

　近年のプレゼンテーションは「内容を伝える」ことを目的として用いられることが増え，その結果，「内容が伝わったかどうか」の成否が重視される傾向があります。オフィスの仕事場面のプレ

表2　プレゼンテーションで用いる道具による分類

道具	方法	情報	ポイント	例
紙・Word	文字を読み上げる	言語・音声	想像力をかきたてるような言葉，表現	スピーチ，演説
PowerPoint，OHP	スライド等の視覚資料を用いて説明する	言語・音声・視覚（画像・動画）	図表などの画像・動画を用いて視覚的に理解してもらう	卒業研究発表製作発表

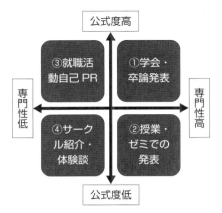

図1　プレゼンテーションの分類

ゼンテーションではプレゼンテーションの成否が取引や売り上げに直結するかもしれませんが，教育におけるプレゼンテーションは「内容を伝える」ことを手段として，その内容と自己・他者の関係の有りようを探り，その内容に対して抱く世界観を広げることが目的となります。プレゼンテーションにおける発表はわずかな時間でも，それまでに準備にかける時間と労力は小さくありません。プレゼンテーションをすることが決まったら，発表直前までスライドを徹夜で仕上げて，発表が終わったらもう思い出したくないと記憶から消してしまう人も多いのではないでしょうか。これではせっかくの学習の機会を活かすことができません。丁寧に準備した後に振り返り，次の学習の機会につなげる過程すべてがプレゼンテーションの学びであり，プレゼンテーション教育の範疇になります。プレゼンテーションそのものには正解はありません。それぞれが自分の興味関心を出発点に情報を調べ，仲間と協力し，リハーサルをおこない，実際に発表する。この過程には多様な言語活動が含まれています。自分が大事にしている価値観，思い込みへの気づき，思考の癖，他者・社会に対する姿勢など，プレゼンテーションを通して学習者は多くのフィードバックが得られます。この気づきこそがプレゼンテーション教育の中心的な価値です。

第2章
プレゼンテーション教育の目的・価値 [Value]

　本章では，本書が考えるプレゼンテーション教育の目的・価値について説明します。第1節ではプレゼンテーションの何を学ぶべきか，第2節ではなぜ今プレゼンテーション教育が必要かについて述べます。

1. 学ぶべきプレゼンテーションとは何か

[1] 創発の場としてのプレゼンテーション

　プレゼンテーションは「調べたことを発表する」というイメージをもっている学習者も多いようです。これは間違いではありませんが，プレゼンテーションは調べたことを披露するだけのものではありません。「調べたことを発表する」だけなら，あなたでなくとも誰が発表しても変わりません。「自分が」その発表をするということは，自分の問題意識を手掛かりに情報を集め構成し，問いに対する考察が含まれていなければなりません。既存の知識をそのまま再提示するのではなく，自分の中で知識を咀嚼し，考察を加え，情報を組み合わせることによって新しい概念や知識を創り出すことがプレゼンテーションの醍醐味です。両者を区別するために，ここでは前者を知識披露型プレゼンテーション，後者を創発型プレゼンテーションと名づけ，相違点を表3にまとめました。

　知識披露型プレゼンテーションでは，既に共有されている知識・情報を扱うため，本やインターネットで必要なものを調べ，それを時間内におさまるようにまとめ，誰かが言ったことを引用すればスライドなどの資料は完成します。どれだけ重要な知識を集めたかに力点が置かれ，自分の思い入れやこだわりを入れる部分がないため，準備の途中で何が言いたいのかわからなくなるといった苦労や葛藤は少ないでしょう。伝え方の練習では人の言葉をよどみなく読めるかどうか練習する必要があります。一方，後者の創発型プレゼンテーションでは，既に共有されている知識・情報に自分なりの視点を加えた新しい知識・情報を扱います。そのため情報を取捨選択し，構成を考え，自分の言葉を紡いでスライドを作成するには時間がかかります。時には，作成途中でテーマを変えたくなり，結果として何を言いたいのかわからなくなるような混乱も生じます。プレゼンテーションを準備する過程は自分の興味関心を掘り下げていくプロセスでもあるので，楽しさを感じます。またこれを聴衆に聞いてもらいたいという意欲が生まれるためわかりやすく，熱意をもって伝えられ

表3　2つのプレゼンテーションの場

	知識披露型プレゼンテーション	創発型プレゼンテーション
目的と対象	既有の知識・情報を整理し，披露すること	既有の知識・情報に自分なりの視点を加え新しい概念や考え方を生み出すこと
主体	権威者の言葉・データ・知識	自分のアイディア・考え
言葉	人の言葉を借りる	自分で考えて紡ぎ出す
こだわり	既有の知識・情報をわかりやすく伝え，理解してもらう	新しい概念や考え方を共有し，理解してもらう
感情	特に感情の動きはない	自分の興味関心を深めるため楽しい
準備	混乱は少なく時間はあまりかからない	混乱が生じ，時間がかかる
伝え方	よどみなく伝える	熱意を込めて伝える
発表後	聴衆の記憶に残りにくい	聴衆の記憶に残る

るように努力します。

　上記２つのプレゼンテーションを比較すると，知識披露型プレゼンテーションでは，自分以外の誰か権威ある人の言葉やそこから発せられた知識が主役なのに対して，創発型のプレゼンテーションでは準備を通して「何に興味があるのか」「このデータから何が言えるのか」と常に自分との対話がおこなわれます。このように自分というフィルターを通すか通さないかによってプレゼンテーションの質は大きく異なります。状況によっては知識披露型のプレゼンテーションが求められることもありますが，教育の場においては創発型のプレゼンテーションが重要だと考えます。なぜならプレゼンテーションで自分と向き合うことを通して，状況に開かれた自己が形成されるからです。聴衆もプレゼンテーションを通してその発表に発表者自身を見出し，記憶に残るプレゼンテーションになるでしょう。創発型のプレゼンテーションは人と人とが出会うコミュニケーションの場を創出します。

[2]　アートとしてのプレゼンテーション

　創発型のプレゼンテーションは言語，視覚，音声情報を用いてあるテーマについて自分の世界観を表現するアートの側面もあります。教育におけるアートの重要性について，近年，理系専門領域である STEM（science, technology, engineering, & mathematics）に "A"（art）を加えた STEAM 教育という枠組みが提案されました。STEM が正解志向の収束的な思考を求めるのに対して，art が入ることによってそれをどのように表現するか，正解のない拡散的な思考が求められるのが特徴です（Yakman, 2018）。従来の理系専門領域では男性が中心になりやすいという傾向を踏まえて，art を含めることで女性が参加しやすくなるようなジェンダーに配慮した試みでもあります。

　プレゼンテーションに含まれる要素と構造を図２に示しました。プレゼンテーションは，各部分を充実させ，それらを積み上げ，全体のバランスを調整し，統合するプロセスが重要です。大きく分けると，プレゼンテーションは探求的思考と議論的弁論・表現，ICT 技術の３つの側面に分かれます。探求的思考は自分がプレゼンテーションを通して伝えたいメッセージを発見し，それを中心に据えて構成を作ることと，それをもとに必要な情報を収集しまとめることです。議論的弁論・表現は，探求的思考によってまとめられた内容を第三者にわかりやすく表現し，発表することです。ICT 技術は，PowerPoint などのプレゼンテーションソフトを用いてスライドを作成し，プレゼンテーションをおこなうことです。

　視覚資料を用いて説明することは，言葉だけで説明するよりも難易度が上がります。それは，内容・説明と視覚資料が相互に補い合い，連動していて，全体として「わかりやすく伝える」という目的を達成するために統合されていなければならないからです。そのためには伝えたいメッセージをしっかり考えることと，他者の視点からプレゼンテーションを眺めて説明と視覚資料にずれがないか，わかりにくいところはないかということを絶えず点検する必要があります。このような努力を忘れば，「プレゼンテーションらしいことをしていたが何を言いたかったのかよくわからない」ということになるでしょう。考え続けてしまう人もいれば，どう伝えるかばかり考えたり，スライドに凝ってしまったりする人もいます。全体の統合までたどり着けないということは，結果として「わかりにくいプレゼンテーション」になるということです。

　プレゼンテーションの準備段階では定期的に探求的思考と議論的弁論・表現，ICT 技術の三側面から全体のバランスを調整します。「わかりやすさ」のためには全体的な統合および視点の切り替えが必要です。探求的思考は自分一人で考える時間が長くなりますが，弁論においては他者がいます。その具体的な他者を眼前に準備をするからこそ，独りよがりの思考の限界が見えるとも言えま

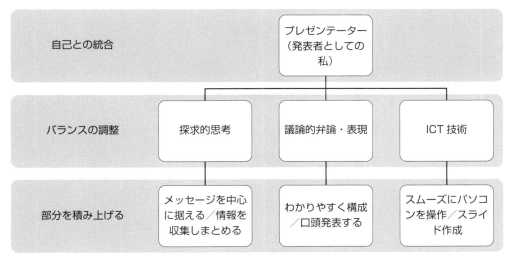

図2　プレゼンテーションに含まれる要素と構造

す。このようにして，絶えず作業を左右，上下に行き来しながら見直す過程による経験—つまり，自分のメッセージがどのように生まれてきたか，そのメッセージを中心にしてどのような情報を含め，含めなかったか，どのように聴衆にわかりやすく伝えるかを工夫した—ことが自分に備えられていることになります。これが発表者としての自己（アイデンティティ）を形成します。つまりプレゼンテーションとは，しかるべき経験を通して発表者として十分な経験を積み上げ，そのプロセスを通して発表者としての自己を確立していくことです。プレゼンテーションとは〈何を〉〈どのように〉〈伝えるか〉という問いに対する〈私の〉答えなのです。

[3] 深い学びにつながるプレゼンテーション

　プレゼンテーション教育を通して深い学びを実現することができます。ここで言う深い学びとは，スライドの作成方法や声の使い方などに関する具体的なパフォーマンスに関する学びだけではなく，実践で得られた具体的な知見を理論と結びつけ，抽象的な学びにつなげることを指します（図3）。プレゼンテーションから深い学びを得るためには，学習者自身が一人でじっくり考えることに加えて，他者との対話による経験を通した気づきの両方が重要になります。このように他者との相互作用の中で具体的理解と抽象的理解を行き来することによってプレゼンテーションが上達していきます。プレゼンテーションは，準備時間が短い即興に近いものから，長い準備時間を経て練り上げていくようなものまであります。準備にどの程度時間をかけられるかによって試行錯誤のプロセスは変わってきますが，どのようなプレゼンテーションであっても深い学びにつなげようとすることが重要です。

　プレゼンテーションは自分の世界に閉じていては説得力が生まれません。説得力のあるプレゼンテーションはポリフォニー（多声性），つまり多様な他者との対話の過程と結果です。プレゼンテーションには準備段階から具体的な他者を巻き込み，自分とは異なる声を取り込んでいくことで複数の声を含んだ内容を編成すること，そしてプレゼンテーションが始まってからも様々な声を取り込んでいくことが求められます。これが真に状況に開かれたプレゼンテーションです。他者との対話をきっかけにして，学びを深めることができます。今学んでいることが他の場面でどのように活かされるのか，あるいは活かされないのかについて考えます。

　深い学びを中心的な価値とするプレゼンテーションに正解はありません。学習者の数だけ学びを

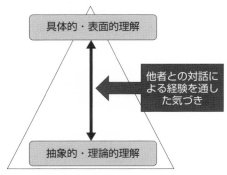

図3　プレゼンテーションにおける深い学び

深めるアプローチの数があります。得意な人も苦手な人も，自分のやり方でプレゼンテーションを作成することができます。伝え方から全体の理解を深めていくかもしれませんし，ある人はスライドの構成から入る人もいるでしょう。つまり，その人が興味関心のある領域を出発点に，実践を通してプレゼンテーションの活動全体の理解を深めていくような学びです。たくさん経験を積んで試行錯誤を繰り返し，さらにその学びを複数人で共有することでお互いに学びのアプローチを補足し合うことも効果的です。

[4]　精神の運動

　創発型のプレゼンテーションは，「A+B=A+B」ではなく「A+B=C」に表されるような新たなアイディアの創発および提案を含んでいます。「A+B」としてインプットした情報を「C」に変えるのは，考える力，すなわち精神の運動です。ヘーゲルは，精神がその本質である思考の運動を自覚することを絶対知と呼びました（ヘーゲル，邦訳，2018）。絶対知は，第一に自己と対象の同一性の達成を意味し，第二に精神がみずからの本質である無限性の運動を純粋に自覚することを意味します。自己と対象の間にずれがあるため，精神は自分の思考の運動を対象という姿を通して間接的に知ることしかできません。しかし対象の中に自己を認めるようになると，精神は自己自身の運動を純粋に見ることができるようになります。ただし，対象を自己として知るというのは，対象が自己に帰還するという一方向的な運動ではなく，自己を対象として外化する運動でもあります。

　自己を対象として外化するには，自分を否定するものを知る必要があります。無意識，無自覚的に捉えていた自分が，他者からの否定によって意識的，自覚的な意識に変わります。そして，その否定によって新たな自分が生まれます。この運動によって人は一段高い段階へ進んでいくのです。この経験の積み重ねが自分についての理解を絶えず更新します。

　このような新しい自分の発見に必要な否定は，行為によって可能となります。プレゼンテーションにおいては，それが発表ということになります。自分の考えを伝えることは恥ずかしいかもしれません。また十分に考えていないから，自信がなく発表できないと考える人もいるでしょう。しかしながら，他者に発表するというプレゼンテーションの行為によって，賛成や否定という他者からのフィードバックを得ることができます。その過程で「そうではない」「本当に言いたかったのは」という考えやメッセージが明確になり，「A+B=C」が実現されるのです。プレゼンテーションにおいては自分が何に対して興味をいだいてテーマを決定しているのかという，最初の問いが存在します。テーマを決定する際にランダムに決めるのではなく，過去現在の自分と向き合い，自分は何に関心があるのか？という問いによって自分について客観的な目を向けます。そして，テーマが決まったら，自分がこのテーマについて何を伝えようとしているのか？とい２つ目の問いが生まれま

す。これはテーマと自分との関連づけです。そして，最後になぜ自分はそのテーマに自分を関連づけ，関心を抱いているのか？という3つ目の問いがあります。この問いによって，具体的なテーマと自分とのつながりにとどまらず，自分自身の価値観や傾向などに関する普遍的な自己理解に到達します。これらの3つの問いを通して，学習者は自らの精神の運動を自覚することができます。もし発表者の内面にこのような運動が起こらなければ，プレゼンテーションは他の誰かが調べた別の発表内容になるか，あるいは誰かに嫌々やらされている無味乾燥な発表内容になってしまうでしょう。このように，プレゼンテーションにおける説得力の重要な部分を占める人格は，対象の発見により自分を外化し，関連づけ，自己を再構築することを指すと考えます。そして，プレゼンテーションのスライドは，外化した自分を捉える道具となります。

2. なぜ今プレゼンテーションか

[1] レトリックとしてのプレゼンテーション

　修辞学を指すレトリックはより適切な表現＝伝えたい意味を過不足なく表すことを意味し，ここではその習得を目的とします。レトリックの手順には，(1)メッセージを考える，(2)内容を練る，(3)構成を考える，(4)説得力を高めるの4つのプロセスがあります（図4）。プレゼンテーションだけでなく，話す場合も書く場合も共通するものです。修辞学の歴史はギリシャ・ローマ時代にさかのぼります。18世紀後半から大学生を中心にレトリックの実践としての活動が始まり，現在まで連綿と続いてきました（中野，2007）。国際化が進む現代では汎用的なコミュニケーション技術としてのレトリックへの関心が高まっています。アメリカで出版された *The Rhetoric*（ハインリックス，2018）によると，「レトリックは，力を持たない人に力を与え，傷ついた人の心を癒し，人間関係を修復する力を持っている」と書かれています。このように，多様性を重んじる現代社会においては，レトリックは相手に勝つことではなく他者と調和を取ることにより多くの意味が見出されています。

　現代の教育を考える際に最も重要な観点は，レトリックの対話的合理性です。何が良いレトリックかについては聞き手との間で理に叶うものに依存するため正解がありません。双方が納得する解を見つけていく過程が大事です。異文化の多様性を知り多様な聴衆とのコミュニケーション経験によってのみ体得されます。したがって実践においては，型に当てはめようとするのではなく，その状況で人々がどのような理解を期待しているか吟味し，何が過不足であったかは事後に聴衆に尋ねてフィードバックを得てはじめて明らかになります。絶えず自身を実践の場に身を置き，型を参照しつつも経験に開かれる人格的な要素が特徴的な点です。プレゼンテーションは否が応でも他者や世界に開かれた営みであるため，即興に耐えうる実践的知識と反省的思考が求められます。自分の思いを相手に伝えたことの成否は自分が決めるのではありません。そしてその結果についても自分が何かできることはありません。その現実を受け止め，そこから一筋の希望の光を見出し，次の実践に活かし成長の糧とする。このことが，「わかりやすい」プレゼンテーションをするためにどうすればよいかの答えになるでしょう。

| メッセージを考える | 内容を練る | 構成を考える | 説得力を高める |

図4　レトリックの4つのプロセス

[2]　多様性を理解するためのプレゼンテーション

　プレゼンテーションを教育に取り入れることの魅力は，多様性を理解することの楽しさを共有できる点にあります。多様なやり方があっていいという学習環境でお互いを認め合うことで，学習者は自分と向き合い表現する自由を手に入れます。お互いに興味関心を共有するだけでも新たな発見がありますが，他の人が自分たち聴衆のために工夫を凝らした話を聞くこと自体，楽しいものです。仲がよい友人でも，その人の興味関心をすべて知っていることはないですし，友人同士としての会話ではなくプレゼンテーションという少しかしこまった場だからこそ現れる側面があります。このように多様なプレゼンテーションを通してその人がどのような人なのかを感じ取り，最終的には「いろんな人がいるようだ」という他者の理解と，「自分はその中でどんな人なのか」という自分の理解が同時に深まっていきます。

　プレゼンテーションを完成させ，実際に発表し，終えるには複数の段階があり，各段階で無数の選択肢があります。例えば，最初に考えなければならない問いを以下に挙げてみます。

　　　テーマ決め：どのようなテーマを選ぶか
　　　プレゼンテーションのイメージ：どのようなプレゼンテーションにしたいか
　　　情報・データ：どのような情報やデータを扱うか
　　　メッセージ：何を伝えたいか
　　　構成：どのような順番で内容をまとめるか
　　　スライド：どのようなスライドにするか（色・文字）
　　　結論：どのような結論にするか
　　　伝え方：どのような話し方をするか
　　　聴衆とのコミュニケーション：どういうふうにコミュニケーションをとるか

　正解のない問いに答えることを楽しいと感じる人もいれば，大変だと感じる人もいます。経験を積んだ学習者であれば自分のスタイルを確立している人もいますが，大学生でそこまで経験を積んでいる人はごく少数です。またこれまでのやり方を踏襲するだけでなく，この状況ではどうするか？という新しい学習に開かれた態度も求められます。自分で選ぶことを楽しいと感じるためには，学習者に「自分が選べる自由」を理解してもらう必要があります。選択肢があっても，実はこれを選んでいなければだめだったということがあっては心理的負担になり，やる気を失ってしまいます。教師は，学習者に必ず従ってもらう制約と，自由に選んでいい部分を明確に分けます。そして，自由に選んでいい部分については学習者間で情報共有することで多様なやり方を提示することも大切です。自由に選択していい場面で情報を十分に与えられないと立ち止まってしまう学習者もいます。このように，プレゼンテーションにおける楽しさとは，自分ができる範囲で難易度を自ら選び調整できるということでもあります。これはチクセントミハイ（1996）がフロー（flow）と呼んだものです。そして，クラス全体で比較するのではなく，それぞれのプレゼンテーションに価値があるということ，その人の成長段階に合わせて良かった点と改善点を指摘し，次の機会につなげます。一部の人が褒められるのではなく，クラスにいる全員が自分のプレゼンテーションに満足し，そして聞く人もそれぞれのプレゼンテーションから学ぶものがある，そのことがプレゼンテーション教育においては重要です。無数の選択肢から選択された結果としてのプレゼンテーションは，学習者の多様性そのものを知る貴重な教材となります。

[3]　大学生の発達的課題とプレゼンテーション

　「プレゼンテーション」という言葉を目にすることが多くなりましたが，そもそも「プレゼンテーションとは何か」「何が良いプレゼンテーションなのか」「プレゼンテーションを学ぶことはど

のような意味をもつのか」を掘り下げないまま，何となくプレゼンテーションをしている人も多いのではないでしょうか。プレゼンテーションは大学生に限らず誰にとっても貴重な学習の機会ですが，とりわけ大学生にとってプレゼンテーションは最も重要な意味をもつと考えます。10代後半から20代前半くらいの青年期後期において，「自分が何者であるか？」という自己の拡散と統合への問いが発達的な課題だからです。心理学を学んでいない学習者はこのような発達的な課題について大学生活で意識することはあまりないかもしれません。実は，創発型のプレゼンテーションは発表者自身の発達的な課題と向き合い，それを乗り越える機会となります。筆者のこれまでの経験では，プレゼンテーションに対して抱くイメージや悩みは，プレゼンテーションそのものに対するものというよりは，「自分が自分をどのように認識しているか」「自分の不得意／得意なところとどのように向き合っているか」など自分への自分の見方，また他者の視点，さらに自分の世界観が関わっていることも少なくありません。意外に多いのは，第三者から見るとわかりやすいのに，本人は「全然自分を意識できなかった」と感じていたり，「そのような自分のあり方は嫌いではないけれど，まだよくわからない」と言ったりする人も多いのです。

　プレゼンテーションの初心者の考えで多いものを以下に挙げます。以下のAからEの発言の中で共感できるものはあるでしょうか。

　　（A）「プレゼンテーションをやる意味がない」
　　（B）「プレゼンテーションが憂鬱／やりたくない」
　　（C）「プレゼンテーションでどうすればよいかわからない」
　　（D）「プレゼンテーションでわかりやすく伝えられない」
　　（E）「課題が忙しくてプレゼンテーションの準備ができない」
　　（F）「人前に出ると緊張する」

　上記に挙げたような気持ちに学習者自身も気づいていないこともあります。しかし，自分の認識やイメージがプレゼンテーションの準備の質を決定し，発表全体の質を決定することを忘れないでください。まず自分がどのような気持ちでプレゼンテーションに取り掛かろうとしているのかについて理解し，その気持ちに向き合うことから始めましょう。そのためにも，先生・先輩や経験のある友人に話を聞き，相談することも重要です。今，感じている気持ちが別の事柄と関係していることもあります。

　例えば，（A）「プレゼンテーションをやる意味がない」であれば，字義どおりにとれば「それでは意味を理解すればよい」ということになります。その場合もありますが，本当は自信がない気持ちを隠すために活動を否定するということはよく見られることです。

　（B）「プレゼンテーションが憂鬱／やりたくない」についても，人前に出て話すということは誰かに評価されるため，消極的になるのは無理もありません。一方で，「何が憂鬱なのか？」「なんでやりたくないのか？」と突き詰めていくと，「PowerPointを使ったことがない」「うまく発表できなかったら怒られるかもしれない」という具体的な理由が見えてくることもあります。そうすれば，ソフトの使い方を学ぶために本を参考にし，あるいは人に聞くことで消極的な気持ちは軽減されるでしょう。また，先生から求められる水準をあらかじめ確認し，経験者に尋ねて情報収集する方法もあります。案外，杞憂に終わり，あるいは自分だけ自分のハードルを上げ過ぎてしまったばかりに自分を苦しめているということもあります。

　同様に（C）「プレゼンテーションでどうすればよいかわからない」のであれば，プレゼンテーションがどのようなものなのかを，動画を参考にしたり，本を読んだりすることで知識や情報を得ることができます。

　（D）「プレゼンテーションでわかりやすく伝えられない」については，「わかりやすいプレゼン

テーションとは何か」分析してみましょう。そして対策を分けて取り組みましょう。そもそも，全員がわかりやすかったと言ってくれる発表は難しいものです。聴衆のキーパーソンは誰なのか，その人にまずわかってもらうということを目標にしましょう。また自分が聴衆となって，どのようなプレゼンテーションなら自分がわかりやすいと感じるかについても自分を対象に分析することが役立ちます。

　（E）「課題が忙しくてプレゼンテーションの準備ができない」については，実際に大学生はアルバイトや課題で忙しいと思いますが，複数の業務を同時進行していくのは社会人になるためにも今後の人生で必要なスキルになります。プレゼンテーションをどのように準備し進めていくか，自分の課題遂行能力を見積もるなどマネジメントの観点から意識する必要があるでしょう（☞ p. 23, p. 76 マネジメントを参照）。

　最後に（F）「人前に出ると緊張する」は，大まかに緊張すると結論づけず，どういう状況でどういう場面で自分の緊張度が高まるのか細かく分析してみます。緊張すること自体は熱意の現れであって悪いことでは決してありません。緊張の結果として生じる問題，例えば話すのが速くなる，頭が真っ白になって話すことを忘れるなどの個々の問題について，練習を重ねて話す時間を測って調整し，スライドで話す内容を忘れたときに参照できるメモをノートに記しておくなりの対処が可能です。

　以上に述べたように，プレゼンテーションは自分では気づきにくい認識の偏りやこだわりが明らかになりやすいのです。それらを無視してプレゼンテーションをすることも可能ですが，プレゼンテーションを貴重な学習の機会と捉え成長していくためには自己理解は不可欠です。自分の感情に気づいたら，成長マインドをもって「どうすればより良いプレゼンテーションにできるか」について集中しましょう。囚われから自由になり，解決に向けて行動に移すことでプレゼンテーションが実り多い経験になります。そして自分の成長には他者からのフィードバックが不可欠です。このような学習から得られた成果はプレゼンテーションを超えて，人生のあらゆる学びにつながります。

3.　学習者への One Push

[1]　自分で学ぶ力を身につける

　プレゼンテーションの学習の主導権は学習者にあります。プレゼンテーションを学ぶためには，自分で学ぶ力が必要です。通常の学校の学習では，教科書と先生が決まっていて，授業時間内に与えられる学習内容を理解し，試験で良い評価をもらうのが1つの目標になります。しかし，プレゼンテーションを自分で学ぶためには，自分で自分のことをモニターし，そして自分に足りない力や自分が必要とする力を把握することから始まります。これは自分に聞いてみるしかありません。そして，プレゼンテーションの何を学びたいのか，考えてみましょう。この時にプレゼンテーションを見たこともないという状況では何を学ぶのかの検討もつきません。そのため，ある程度の下調べが必要になります。インターネットで動画を見て情報を集めて，「だいたいプレゼンテーションというものはこういうものだ」ということを頭に入れて，そのうえで「自分がどのようなプレゼンテーションができるようになりたいか」ということを考えてみます。これらのプロセスの中で，もし「ちょっと違う」と思ったらいつでも修正できることが自分で学習することの最大の利点です。そして，自分が上達し，もう卒業かなと思ったら，その時の自分が欲する新たな目標をその都度つくっていけばいいのです。

　プレゼンテーションの学習については学習者の数だけ目標や方法，それに合った教科書や指導者，教材も異なります。以下に自分で学ぶ際に必要なことを整理してみます。

　指導者：自分にとって今必要なことや，さらなる発展に必要なことを教えてくれる人
　教材：自分にとって今必要なことや，さらなる発展に必要な知識や情報が含まれているもの
　メンター：困った時にアドバイスを与え，相談に乗ってくれる人

　　時間：プレゼンテーションのスキルの習得に必要な学習時間を確保する
　　モチベーションの管理：プレゼンテーションが上手になりたい，もっと学びたいという気持ちを強く持ち続
　　　ける

　自分で学ぶ利点は，自分にぴったりの授業になるということです。今の自分に合わせた授業なので「もう知っているのにな」（既知）とか「全然わからない」（未知）という不満がありません。「自分が知りたいこと」を「自分がやりやすいやり方」で「自分がいいと思う先生や教材」から学ぶことができます。そのため，もっと上手になりたいというモチベーションを長く維持することができるでしょう。一方で困った点は，自分で学ぶための授業にするためには，自分で自分のことをよく知る必要があることです。「何を学べばいいのか」「自分は何を知っていて，何ができるのか」「そもそも学びたいのか」といった疑問が浮かんでくる場合は授業にしたくともできず，何も動き出せないでしょう。プレゼンテーションを学ぶ過程で必ず行き詰まることがありますが，このような困難は成長に伴うものです。その時には先生やメンターや友人知人を頼りましょう。誰かに意見を求めて，それがきっかけとなり現状を把握でき，問題解決となれば，プレゼンテーションを攻略したのと同然です。社会に出るとこの「自分の授業は自分でつくる」という姿勢が求められます。なぜなら学校の方があくまでも特殊な世界であって，生きていくには誰かがつくったカリキュラムは存在しないからです。自分で自分に必要なことやこれから必要になることを見極めて，今いる環境で最大限できることから学習しようとすることは，すなわち生きることそのものと言っても過言ではないでしょう。

[2] 自分に適したプログラムを作る

　プレゼンテーションで学びたいことは学習者によって異なります。なぜ異なるかというと，学習者がこれまでどの程度プレゼンテーションに触れてきたのか，学び実践した経験があるのかという過去の経験が少なからず現在のプレゼンテーションの認識に影響を及ぼしているからです。また過去だけでなく，これからどのような仕事をしたいと思っているのか，将来のキャリアプランとも関連しています。将来に必要なスキルや能力をどう認識するかによって現在のプレゼンテーションの学びの捉え方や動機づけが変わります。

　そこで，自分が必要とするプレゼンテーションの学びを明らかにするためにプレゼンテーションの自己診断シートが有効です。プレゼンテーションに必要なスキルについて自己評価し，過去の学びと現在の学びを関連づけることで学習の準備を整えることができます。具体的には，目標を設定した後，「自分を助けてくれる人は誰か？」「どのようなことを取り入れるか？」など，自分の語りを軸としながら，この講義で学習した内容が1つのストーリーになるようなものです。学んだ知識やスキルを自分の経験や考えと関連づけることが難しい場合には，自らの価値や考え方を肯定できる感情である自己肯定感に着目し，自己肯定感を高めるためのワークに取り掛かることを勧めます。

　プレゼンテーションの自己診断シートは，⑴スキルの自己診断，⑵自己認識，⑶効果的な学習に向けた指針の3つに分けられます。⑴スキルの自己診断はルーブリックの項目が基本となります（☞ p. 30 ルーブリックを参照）。⑵自己認識では，プレゼンテーションに対してどのような認識をもっているか言語化します。「プレゼンテーションは好きですか？それはなぜですか？」「プレゼンテーションで得意なところを教えてください。それはなぜですか？」「プレゼンテーションで苦手なところを教えてください。それはなぜですか？」の3つの質問項目に答えます。⑶効果的な学習になるための指針については，「イメトレ文章完成ノート」（中島，2019）を参考に目標の設定，目標達成のメリット，目標達成の妨げとなるブレーキ，現状把握，試してみたい新しい方法，自分の強み，協力者，学習環境，ノウハウ，やる気，最初の一歩について書きましょう。このうち，授業などでプレゼンテーションを学ぶ機会があれば授業前に目標の設定，メリット，ブレーキ，現状把握を書きます。授業を一通り学んだところで発表前に新しい方法，自分の強み，協力者，学習環境，ノウハウ，やる気，最初の一歩について書くと効果的です。段階に分けて考えることで，講義前後の自身の変化に気づくことができます。

[3] 反省的実践家であること

　本書ではプレゼンテーションそのものは方法的に網羅できないものであるという前提に立ちます。学習者はもちろんのこと教師もともに実践を通じて学び合うという反省的実践家（ショーン，2007）の集まり

であることを最初にコンセンサスとして得ておくことがプレゼンテーションの学習コミュニティ形成には不可欠です。そうしなければ，いつもどおり学習者は教師から〈教えてもらおう〉とするでしょうし，教師は学習者に〈教えよう〉としてしまうでしょう。プレゼンテーションの学びは教師も学習者もそれぞれの立場から解放され，その場でその都度その都度，新しい発見を共有しクリエイトしていくような仲間なのです。立場や役割をいったん置いて先生も学習者と一緒に学ぶということに慣れない人もいるかもしれませんが，みんなが協力して成長し合う環境が心地よいものと気づくでしょう。

　質の高いプレゼンテーションを作り上げるためには，絶えず今の行動や思考が正しいかどうか，適切かを自らの実践を通して省察するスキルが欠かせません。省察とは，自分自身について省みることで，プレゼンテーションの準備の最中も，本番の発表が終わった後も，プレゼンテーションでは常に省察が必要です。プレゼンテーションはテキストを読んで知識や技術を知ることはできます。また経験者や上手な人の話を聞いて同様に知識や技術を知ることはできます。しかし，自身のプレゼンテーション能力を向上させるためには，省察すること以外ありません。先生や他者からのアドバイスは参考になりますが，本当にそれに従うのでいいのか自分で考えて検証しなければ主張に矛盾が生じ，自分が伝えたかったことがわからなくなってしまうでしょう。自分で実践をおこない，他者からフィードバックをもらいそれがどうだったかを振り返ってはじめてプレゼンテーション能力を育むことができます。

　省察の際には，自分のパフォーマンスをそのままに受け止め，ニュートラルな気持ちで振り返ります。振り返る際に自分に対する見方が偏っていると，現状を正しく把握できず振り返りの効果が半減します。「どうせ私は下手だ」「うまくなるわけがない」という自己認識がある場合には，いくら振り返ってもそれを裏づける根拠を見つけようとしてしまうでしょう。また，「私はプレゼンテーションの天才！」「完璧なプレゼンテーションができる！」という自信があっても，誰しもどのような状況でも改善の余地はあるはずです。下手でも上手でも，いずれにせよ強過ぎる自己認識は自分を縛り付け，新しいことを取り入れる余裕が生まれません。ただ発表を上達させようとするのではなく，上達に必要な学び方を学んでいるということをしっかり意識することが大事です。このような省察の力は，プレゼンテーションのみならずあらゆる場面で応用できます。「ある程度プレゼンテーションはできるようになったが伸び悩んでいる」「なかなか上手にならない」という場合は，省察の方法やプロセスに問題があるかもしれません。自分で様々なことを気づくには限界があります。一人で省察するだけでなく，省察した結果についてクラスメートと共有し問題を確認したり，アドバイスを他の人に求めたりするのも効果的です。

　実は，反省的実践家であることはプレゼンテーションを教える側にも求められます。プレゼンテーションは準備から発表後までのある一定の期間，複数の人が活動に参与する創造的な営みです。教師役は熟達者としてノウハウを伝えることはできても，その人自身の経験に基づいた知見であり，それが学習者にとってベストかどうかはわからないからです。したがって，プレゼンテーションを〈教える〉という行為は，〈教えることはできない〉という矛盾を抱えていること，そして学習者からも教師が〈教えられる〉可能性があるということを内包しています。プレゼンテーションは暗記型の学習のように一方向的な教師役が固定されることはないため，教師が〈教えることはできない〉可能性や，学習者から〈教えられる〉ことを拒否するならば，本来の意味で教師はプレゼンテーションを教えることができなくなってしまいます。一方で，完全に放任した結果，学習者が迷路に陥るのも避けなければなりません。学習者の主体性を邪魔せずに，学び合うコミュニティを機能させるためには，教師側が学習者に〈教えられる〉ための積極的な余白をもつ，すなわち教師が学習者でなければならないのです。

第3章
プレゼンテーションの学習観【Teaching】

1. プレゼンテーション教育の基本要素

　本節では，本書が考えるプレゼンテーション教育の基本的な要素として，越境の土俵，説得的であるための3要素，議論の評価の枠組み，並行反復学習法について述べます。

[1] 越境の土俵の発見

　プレゼンテーションでは聴衆にわかりやすく伝えるために，どのような人が聴衆かを分析することが欠かせません。これを聴衆分析（☞ p. 96 聴衆分析を参照）と言います。聴衆を知り，聴衆とコミュニケーションをとる際には「越境の土俵」の発見が求められます。越境の土俵とは，自分と他者との間にある，互いが自分を越境させ互いに他者に出会う共通空間のことを指します。自分が伝えたいことを明確にするだけでなく，それについて他者はどのように認識するか，その相違を乗り越えられる土俵はどこかを発見することが重要です。越境することは効果的なメッセージの発見につながります。この越境の土俵の考え方は図5に示すことができます。この図は大学1年生の主張の論理構成の分析結果から明らかになったものです（中野，2014）。

　越境の土俵の発見までには3パターンがあります。まず，①は自分の主張がまとまっていない段階のものです。他者に宛てた主張であるにもかかわらず，自分でも不明確で自問となっている段階です。②は他者に宛てた主張ですが，それに対して他者が入り込む余地がないような主張です。個人で完結し，これ以上コミュニケーションが続かないようなものが含まれます。③は自分の主張が明らかで，かつそれを他者がどのように認識し受け入れるかを想像したうえで，自分と他者の主張が融合できる場を探した主張です。この③の段階は自分と他者の間にある越境の土俵を発見した段階です。あらゆる主張は異なる反応が示される可能性があるため，その都度，相手に応じて個々の越境の土俵を発見します。さらに複数の聴衆であればそれらに応ずる複数のあなたとの間にどのような越境の土俵が存在するかを想像して，主張を組み立てることが重要です。

[2] 説得的であるための3要素

　アリストテレスによると，説得的であるためには論理性（logos），感情（pathos），人柄（ethos）の3つの要素のバランスが求められます（アリストテレス，1992；図6）。プレゼンテーションにおいても，論理性はPowerPointの

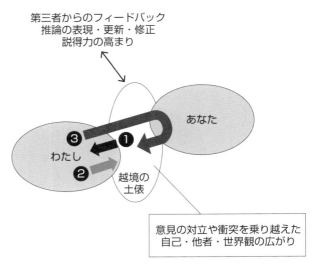

図5　越境の土俵

スライドの構成や内容に重点が置かれることで追求されますが，それをどのように伝えるか，その背後にある感情を声に乗せて伝える工夫を考えます。そして，3要素のうち最も重要なのが人柄です。誰がそのメッセージを伝えているのか，聴衆はその人の経験や実績に基づいて発表者がその話をするのに適した人物かということとメッセージとの整合性を評価しています。論理的で感情が伴っても，人柄について疑問を持たれればそのプレゼンテーションは説得的にはなりえません。したがって，プレゼンテーションを組み立てる際には「自分しか伝えられない何か」を出発点として，そこから論理性や感情を意識してメッセージを組み立てていくとよいでしょう。

図6　説得力を支える3要素

　このように説得的な観点からも，自らの興味関心をきっかけにプレゼンテーションが内発的に動機づけられていることが重要なことがわかります。なぜなら，嫌々興味のないテーマについてプレゼンテーションをすると，聴衆は「この人はやる気がないのではないか？」という疑問が人柄の評価につながってしまうからです。一方，自分の興味関心に従ったテーマであれば自ずとオリジナリティが生まれ，その人にしかできない発表になるでしょう。好きな事であれば時間をかけて他者への伝え方を工夫することで，自然と熱意がこもります。このように，説得的であるためには自分の言葉で自分の考えを伝えることと，メッセージと自分自身の関連づけが不可欠です。

[3] 議論の評価の枠組み

　図7に示したようによい議論を評価する枠組みとして，内容と伝え方の2つに分ける考え方があります（中野，2010，『大学1年生からのコミュニケーション入門』，p. 70, 72参照）。内容はプレゼンテーションの論理構成などについて，伝え方はそのメッセージをどのように聴衆にわかりやすく伝えるかについてです。この2つをそれぞれどれくらい重視するか，比率はプレゼンテーションの状況によって異なります。例えば，学術的な内容を扱う学会などの場においてはデータや分析結果などの内容の側面が重視されるでしょう。一方で，就職活動などの場においては論理的な内容よりもわかりやすく相手に伝える伝え方が重視されます。このようにどちらかが100対0になることは少なく，その場に応じて比重を定め適切にメッセージを組み立てます。そのためには，内容と伝え方の比率は50対50が基本であると捉えておくとよいでしょう。このバランスは，聴衆が専門的な知識を持たず，より多くの人を説得する際の基準となります。

　内容と伝え方の具体的な項目を説明します（表4）。内容は，「主張が明確」「理由の説明がわかりやすい」「例やデータが適切」「興味深い」「構成がまとまっている」の5項目です。「主張が明確」は，何が言いたいのかがシンプルに聴衆に理解されるよう考えられているかどうか，「理由の説明がわかりやすい」は，なぜそのように考えるのかについて理由が述べられているかどうか，「例やデータが適切」は主張と理由を裏づける例やデータが示されているかどうかです。言いたいことを一方向に伝えることではなく，理由と根拠を示すことが聴衆との越境の土俵の構築につながります。「興味深い」については，聴衆は情報の新規性や希少性を好むため，あらかじめ聴衆が知っているだろう事柄を想定し，それ以上のことを主張することで評価を上げることができます。また「構

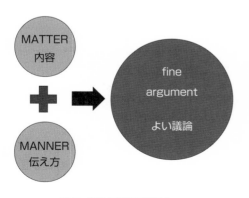

図7　議論の評価の枠組み

表 4　議論の評価項目

MANNER（伝え方）	MATTER（内容）
□声の大きさ	□主張が明確
□話す速さ	□理由の説明がわかりやすかった
□声の高低	□例やデータが適切
□間の使い方	□興味深かった
□アイコンタクト	□構成がまとまっていた

成がまとまっていた」については，内容の項目の中で最後に見直します。準備がうまくいかないと最後の詰めに時間をかけることができず，その結果，構成がまとまっていないと評価されがちです。構成をまとめるためには，効率よく準備を進め，余分なことが含まれていないか，論理構成は明確かどうかを直前に確認する時間的余裕が求められます。

　次に伝え方は，「声の大きさ」「話す速さ」「声の高低」「間の使い方」「アイコンタクト」の 5 項目です。「声の大きさは」，空間に適した音量であるかをみて，必要であればマイクの音の調整をおこないます。人がいない空間と人がいる時の空間では音の伝わり方が異なるため，可能であれば事前に聴衆役を頼み，会場後方でも音量が適切かを確認しましょう。さらにプレゼンテーションが始まった後も，音声が適切に聞こえるかどうかを発表者が聴衆に確認すると安心です。複数人が同時に話すような状況では，聴衆の座席によっては他のプレゼンターの声が大きく届く場合があります。自分の目線からだけでなく，聴衆の目線から，距離感を測ることも声の大きさの配慮に含まれます。話す速さは個性が表れやすいため普段に近い話し方が自然で好印象になるでしょう。しかし，速過ぎる場合は聞いている人はメモを取れずに理解が困難になります。また遅過ぎると集中力が切れるため，重要なところはゆっくり強調し，そうでない部分は自然なスピードにするなど緩急が必要です。「声の高低」についても，普段の自然な話し方をもとに，抑揚をつけます。高低がない一定の音は言葉の意味を理解するのが難しくなるため，強調したいところは抑揚をつけ，そうでないところはさらっと流すようなイメージです。「間の使い方」は，プロの話し手が最も際立って上手な項目です。重要なことを伝える直前で空白を入れることによって，その後のメッセージに聴衆の関心を引きつけることができます。一方，すべてに間を入れると逆に集中力が途切れてしまうこともあるため，強調したい個所に特に気をつけるとよいでしょう。最後に，適切なアイコンタクトはプレゼンテーションの成功に欠かせません。「アイコンタクト」の利点は 2 つあります。1 つは，聴衆を満遍なく見ることによって視覚情報が増え，聴衆や会場の様子が把握できるからです。例えば，うなずいて熱心に聞いてくれる人もいれば，眠そうにしている人もいるでしょう。聴衆の機微をつかみ，それに応じてプレゼンテーションを調整することができます。2 つ目は，聴衆が発表者に見られることによって発表者を見なければという動機づけになることです。発表者が自分のことを見ていないと思うと気を抜きがちであるため，目を合わせることで聴衆の興味関心を引き出す効果があります。

　上に挙げたのは基本的な項目ですが，全体をより良くするというよりは，得意な項目はより良く，不得意な項目を平均的にする努力によって全体の評価を向上させることができます。プレゼンテーションで力を入れたい項目を選択し集中して練習します。初心者の場合は，伝え方の練習から入った後に内容面を評価するとよいでしょう。伝え方は自己評価だけでは不完全であるため，自分で録音して自分で評価するのと同時に，誰かに聴衆役を要請して評価してもらうと効果的です。実際に人を前にすると，自分一人で話す時とは異なるやりづらさを感じることができるでしょう。自己評価と他者評価のギャップを考えることが内容の推敲につながります。これらの項目はプレゼンテーションに意識を向け，多方面から検討が可能となる省察の窓の役割があります。

　内容と伝え方の比重は，どちらにどれくらい時間を費やすか準備における比率と一致します。10日間の準備期間があれば，50対50のプレゼンテーションでは，5日間がスライド作成に，残り5日間が伝え方の練習に充てることになります。筆者が知る限り，内容を考えてスライドにまとめる時間にほとんどの時間を費やし，準備時間に伝え方の練習を割いていないという人はとても多いのです。伝え方の練習を十分にしなければ，本番で聴衆とコミュニケーションをとることは困難です。伝え方の練習をすることによって，越境の土俵の発見につながり，それがひいては内容の洗練につながっていきます。内容を作って伝えてみるという練習は時間がある限り何度も繰り返すことで，プレゼンテーション全体の質が向上します。

［4］並行反復学習法

　授業中にプレゼンテーションの経験を効果的に積むために，並行反復学習法を開発しました。多くのプレゼンテーションを扱う講義では，最後に成果発表としてプレゼンテーションをおこなうことが多いのですが，スライド作成に時間をかけ過ぎて伝え方の練習をしないまま本番を迎えたり，緊張や不安でうまく話せなかったり，講義が終わった後に経験を活かす機会がないため学習内容が定着しないという問題が生じました。そこ

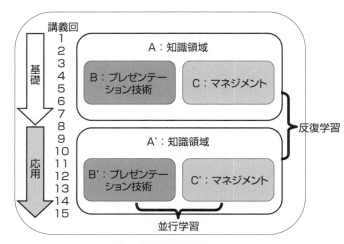

図8　並行反復学習法

で，半期15回の講義で2回のプレゼンテーションの機会を設け，1回目のプレゼンテーションの経験を2回目のプレゼンテーションに活かし，そこから学びを得るのが重要であるという知見を得ました。

　図8に示したとおり，並行反復学習では（A）「テーマに関する知識の獲得」，（B）「プレゼンテーションに必要な資料作成・発表技術の獲得」，（C）「課題遂行に必要なマネジメント能力の獲得」を効果的に学習するために，（A）の領域で（B）と（C）を同時進行で並行して学習し，講義期間中に2回反復します。半期15回の講義の場合は，前半の第1回から7回では基礎，後半の第8回から15回が応用の位置づけとなります（☞ p. 37 カリキュラムを参照）。学習期間の長さにかかわらず，すべての講義時間の半分で前半と後半に分けるというのがポイントです。プレゼンテーションの講義の目標の例は，「実践を通して基礎的なプレゼンテーション能力を育成すること」です。前半の目的は「スライド作成法の基礎を学習する。独自のテーマを設定し，グループで調査し，発表の手順について一通り理解する」で，後半の目的は「効果的に聴衆に伝えるためのプレゼンテーションの実践的な技法を学ぶ」です。後半では（A）知識領域が変わっても，基本的な（B）プレゼンテーションの技術と課題遂行のための（C）マネジメントのスキルが身についているため，スムーズに過去に学習した内容を応用することができます。以下に（A）〜（C）の各要素について述べます。

（A）「テーマに関する知識の獲得」

　段階的にプレゼンテーションを学習するために，学習者は半期15回の授業で2つの異なるテーマについてプレゼンテーションをおこないます。テーマを変えることで，知識を幅広く獲得するこ

とに加えて，テーマが変わってもプレゼンテーションに共通する部分とテーマ固有の部分の存在に気づくことができます。大学生の場合はテーマは学習者の専門科目に関連したものと就職活動に関連したものを選び，それらの調査を通して各分野の知識を増やすことをねらいとするのが好ましいのです。

(B)「プレゼンテーションに必要な資料作成・発表技術の獲得」

プレゼンテーションの準備から発表までに必要な技術は実践を通して学習します。15回の講義では，7回分の講義で1セットとなる本番のプレゼンテーションまでの一連の作業をまとめると，グループで発表する場合以下の11段階に分けられます。はじめは，グループをつくり（段階1），グループで相談しながらテーマを決定し（段階2），それに沿って発表概要（段階3）や構成案（段階4）をまとめます。全体の枠組みができたところで，情報収集をおこないながら（段階5）スライドを作成します（段階6）。その過程で，教師やTAからのコメントをもとにグループで意見交換をしながら，スライドを修正します（段階7）。発表の1週間前にはリハーサルをおこない（段階8），時間内に発表が終わるかどうかや，伝わりにくい箇所がないかどうかを確認します。最後に本番の発表をおこない（段階9），聴衆からの質問にわかりやすく答えます（段階10）。発表しない場合は，質問を考え質問します（段階10）。すべての発表が終わったところで，発表者以外はコメントを書き，発表者は聴衆からの評価シートに書かれたコメントをもとに反省と自己評価をおこないます（段階11）。プレゼンテーションの作業としては，段階1から段階8までが「発表の準備段階」で，段階9から段階11までが「発表段階」となります。よりよいプレゼンテーションの発表をおこなうためには準備段階の作業の充実が不可欠です。個人で発表する場合でも，グループで作業を進めると効果的に学び合いができます。

(C)「課題遂行に必要なマネジメント能力の獲得」

プレゼンテーションについての学習を効率よく進めるためには，学習者個人が課題をどのように管理し遂行するかに関するマネジメントの基本を学習する必要があります。大学の講義でプレゼンテーションができたとしても，準備段階からいくつかの制約を考慮してプレゼンテーションの課題を遂行するマネジメント能力が身についていなければ実生活では応用が効きません。プレゼンテーションは大学生が社会人として必要なスキルを体験から学習できる貴重な機会です。そこで上部構造にあたるプレゼンテーションを学習しながら下部構造のマネジメントについて同時進行で並行して学び，実践を通してそれぞれの理解を相互に深められるような構成にしました（図9）。具体的な学習内容には，目標設定，時間管理，自己分析，進捗状況の確認，相互評価，目標達成，目標再設定が含まれます。

並行反復学習法では，1回目の経験は現状の認識やスキルの確認をおこないます（図10）。自分のプレゼンテーション能力についてこれまでよく把握したことがないという学習者が多いのです。また把握していたとしても，「自分はコミュニケーション能力がない」「発表は緊張する」など偏った自己認識をもっている学習者も多いようです。プレゼンテーション能力を向上させるためには，適切に現在の自分のプレゼンテーション能力をモニターする必要があります。まずは1回プレゼンテーションを試みて，発表し，相互評価す

図9　並行学習の内容

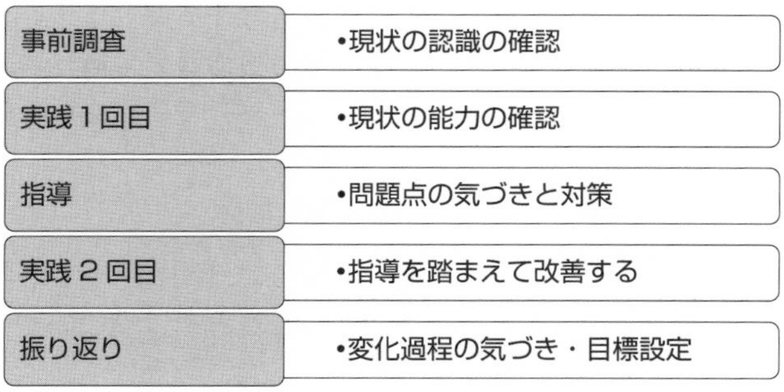

図10　並行反復学習法の流れ

ることで思ったより良かった点や改善点を自己分析するだけでなく，他者の発表から学び，他者から良かった点と改善点を指摘してもらいます。この多様な観点を含む振り返りが重要です。その振り返りから次の経験で活かすべき点を踏まえて目標を設定します。また改善点だけでなく，得意なポイントはさらに良くなるように努力します。そして2回目の実践をおこないます。その後，1回目と同様に振り返りをおこないますが，2回目の実践について振り返るだけでなく，1回目と2回目の経験を関連づけて2回の経験を通した振り返りをおこなうことで，自己認識が更新され，次の機会に知見を活かすことができます。

2. 学習者のペースに合わせて評価する

[1] 発達段階に応じたプレゼンテーション

　本邦では18歳選挙権の導入や，成人年齢引下げの動きにより，高校から大学での学びは社会的に重要性を増しています。グローバル化が進む今日，高校生から大学生くらいの年代の学習者に多様なものの見方を知る機会を設ける必要があります。本書が目指す創発型のプレゼンテーションは，議論を通じて社会と自己を関連づけ／興味・関心を広げ，多様な考え方の蓄積から自らの価値体系が形成される成長のプロセスに主眼を置きます。そのためには，インプットしたことをアウトプットして他者からフィードバックをもらうということを繰り返す経験が重要です。また他の学習者のプレゼンテーションを聞いて，それも面白いなと楽しさを見出すこともいい刺激になるでしょう。自分の思いがどのように他の人に受け入れられるのか，社会をどのように変化させられるのかを考える機会にもなります。プレゼンテーションの後はもっと調べようという動機づけが高まるでしょう。

　プレゼンテーションに必要な情報を調べる際にインターネットで情報を検索する人がほとんどですが，情報の質の問題に加えて，ものの見方の発達の視点から見ても注意が必要です。というのも，インターネットでは情報を得るためにしかるべきサイトにアクセスするという何らかのアクションが必要です。アクションをせずに表示される情報は，フィルターバブルといってこれまでのアクションの蓄積から興味関心がある情報が推測されて表示されています。このようなインターネット技術の特徴により，自分の考えに近い情報にアクセスが偏る選択的接触が問題視されています（稲増・三浦，2016）。情報を得る際にアクションを伴うことが，自分にとって不快な情報へのアクセスを妨げ，無自覚的に自分にとって都合のよい情報を収集してしまっているということです。

　プレゼンテーションに求められるスキルや柔軟なものの見方は一朝一夕に身につくものではありません。試行錯誤を繰り返し，大学在学中の4年間でどれだけ多様な経験を積んだかによって成長

表5　経験に応じたプレゼンテーションの設定

	初心者	中級	上級
発表時間	1分	3〜5分	10〜15分
準備期間	1ヵ月半	2週間	即興〜3日程度
スライド	3枚	8〜10枚	18〜25枚
伝え方	間違わずに話す	聴衆に質問する	アドリブをはさむ
構成	調べたことをまとめる	自分の意見を中心にまとめる	自分の意見と他者の意見を比較し，まとめる
聴衆	知っている人・5人	あまり知らない人・5人	ほとんど知らない人・10人以上
テーマ	よく知っている内容	あまり知らないテーマ	ほとんど知らないテーマ
質疑応答	なし	1〜3件	5件以上

の程度は変わります。大学に入学した時点においても，高校時代に何らかのプレゼンテーションを経験したことがある学習者とそうでない学習者ではスタート地点が異なります。遅いからといって手遅れということではありませんが，少しでも経験があることに越したことはありません。ただし，やみくもにプレゼンテーションをするのではなく，創発型のプレゼンテーションが目指すような丁寧な準備と振り返りが必要です。高校やその前の中学校からなど発達段階に応じて準備をおこなっていくと長期的に学習者の個性を伸ばすことができると考えます。表5に経験に応じたプレゼンテーションの設定の例をまとめました。経験がない場合，1分という短い時間で好きなことを人前で伝える，わかりやすく伝えるために工夫するなど，正解がない課題に楽しさを見出す練習が効果的です。中級，上級と上に上がるにつれて発表時間や聴衆の数が増えてきます。このように，はじめから難易度の高いプレゼンテーションに時間をかけて取り組むよりは，プレゼンテーションのエッセンスを小規模に導入し，経験を積んでいくと学習者の負担は少ないのです。プレゼンテーションの経験はなくても，人前でコミュニケーションをとることに抵抗のない学習者には中・上級の設定でプレゼンテーションをおこなってもらうなど，学習者の準備状況を見定め，それに応じた経験をデザインすることが重要です。

[2]　学習者のニーズ

プレゼンテーションを学ぶ目的と意義

　学習者がどのような動機でプレゼンテーションを学ぶのかを明らかにすれば，プレゼンテーション教育への学習者のニーズを把握することができます。中野（2018）では，プレゼンテーションの集中講義を受講する学部生・大学院生に受講動機を尋ねたところ，「単位取得・講義形態」「プレゼ

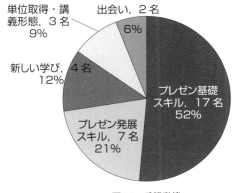

図11　受講動機

ン基礎スキル」「プレゼン発展スキル」「新しい学び」「出会い」の5つのカテゴリーに分類されました。結果を図11に示します：「プレゼンテーションの基礎スキル」17名（52%），「プレゼンテーションの発展スキル」7名（21%），「新しい学び」4名（12%），「単位取得・講義形態」3名（9%），「出会い」2名（6%）。プレゼンテーションのスキルとしては基礎・応用を合わせて24名（73%）が受講動機に挙げており，その中でもプレゼンテーションの基礎スキルが半数を占めていました。大学の集中講義では，プレゼンテーションの授業内容の中でもどちらかというと苦手意識のある受講者が基礎的なレベルのスキル習得を目的としていることがうかがえます。

　この集中講義の受講者は動機づけが高く，上記はそのような学習者の回答です。実際の講義では受講者のプレゼンテーション能力は高かったのですが，能力と認識にはギャップがあることもあります。上手な学習者でも「何となくこなしてきたが，まだよくわからない」という人も少なくありません。そのため，最初に学びたいことを明らかにし，発展的に学びたいことについては個別に対応する方法が効果的です。

大学生がプレゼンテーションを学ぶ意義

　次に大学生がプレゼンテーションを学ぶ意義をどこに見出しているかを明らかにすれば，学習者が考えるプレゼンテーション教育の射程範囲を明らかにすることができます。回答をコード化したところ，「考えの深化」「将来の準備」「学習・研究」「自己理解」「知的好奇心」「プレゼンテーション力・説明力の向上」の6つのカテゴリーが抽出されました。結果を図12に示します：「プレゼンテーション力・説明力の向上」16名（36%），「知的好奇心」9名（21%），「自己理解」6名（14%），「将来の準備」5名（11%），「学習・研究」5名（11%），「考えの深化」3名（7%）。この結果より，人に伝えるという意味でのプレゼンテーションの力・説明する力を挙げた学習者が最も多いことがわかります。次に多かったのは，他者と伝えたいことを共有すること自体が楽しいという知的好奇心に関わる内容や，自由の多い大学生の時だからこそ学ぶ必要があるという意見がありました。この他，自己理解のためや，大学における学習研究のため，将来のためがほぼ同程度で，考えを深めるためという回答もありました。このことから，プレゼンテーションを学ぶ方向性として大きく「必要性」「探求」「自己理解」の3つがあると言えます。

　必要性からの学びは合理的な動機づけであり，「就職活動のため」「学会発表のため」など多くのプレゼンテーションの本のタイトルにもなっていることからも個別の場面でのスキルに対するニーズは広く存在します。一方，大学では考える時間や自由が許されており，必要性による学びだけでなく，プレゼンテーションが様々な問いを探求するうえでの手段や，自分自身と向き合い，他者との関係性の中で自己を形成する手段と捉えるものもありました。これらは大学におけるプレゼン

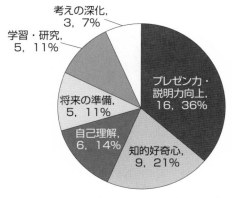

図12　プレゼンテーション教育の意義

テーション教育の守備範囲を広げる重要な知見です。プレゼンテーションは自己・他者・社会をつなぐコミュニケーションの手段であり，スキルを獲得すると同時に，プレゼンテーションが自分の人生においてどのような役割があるのかについても考えを深めることの重要性が示唆されます。

大学生がもっと学びたいこと

ひと通りプレゼンテーションを学んだ後にさらに学びたいことがでてきます。そこで，講義後に「もっと学びたいこと」を尋ねました。「もっと学びたいこと」に関する回答をコーディングすると，「伝え方」(声の大きさ，間の取り方など)，「スライドの作り方」(構成，アイディアなど)，「モデルの評価」(プロ・先輩・教師のプレゼンテーションの鑑賞・評価)，「実践」(研究内容などの別のテーマのプレゼンテーションの実践)，「マネジメント」(準備の方法・自己分析など) の5つのカテゴリーに分類できました。分析の結果を図13に示します。「伝え方」12名（29%），「スライドの作り方」10名（24%），「モデルの評価」9名（21%），「実践」8名（19%），「マネジメント」3名（7%）でした。

各カテゴリーの回答例を以下に示します。①「伝え方」は「効果的なジェスチャーの使い方」「聴衆との距離を縮める有効な方法」が，②「スライドの作り方」は「アニメーションの効果的な使用方法」「PowerPointを使ううえでデザインの見やすさも発表の良し悪しに関わってくると思うので，今後は見やすいデザインについて勉強したい」が，③「モデルの評価」については，「いわゆる〈良いプレゼンテーション〉とは，どのようなものがあるのか具体的に知りたい。また，どのような点で良いと思われるのか，その評価の観点を知りたい」「プロはどのようにプレゼンの準備をしているのか」「先生が今まで経験してきたプレゼンテーションの中で，最高の出来だと思うものを見てみたい」が，④「実践」については，「もっと学術的な分野をわかりやすく伝えるには？」「今回は少人数での発表だったが，大人数相手の発表の練習もやってみたい」「またこのような学習の機会を得たい」などが，⑤「マネジメント」は，「自分の中での議論の詰め方」「自分の得意な点が知りたい。プレゼンにおける自分の得意分野がまだわからない」などがありました。受講者それ

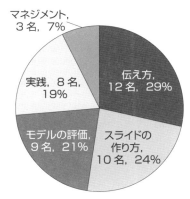

図13　プレゼンテーションについて「もっと学びたいこと」

ぞれがプレゼンテーションについてもっと学びたいことを授業が終わった後に考えて明らかにすることで能動的な学びを継続することができます。

[3] プレゼンテーションの何をどのように評価するか

プレゼンテーションは準備から発表後まで複数の段階からなる活動であるため，どこの部分をどの程度評価するかによって方法が異なります。評価方法について図14に示した西岡・田中（2009）をご覧ください。例えば，プレゼンテーションの学びに関する知識を問う場合であれば，客観テス

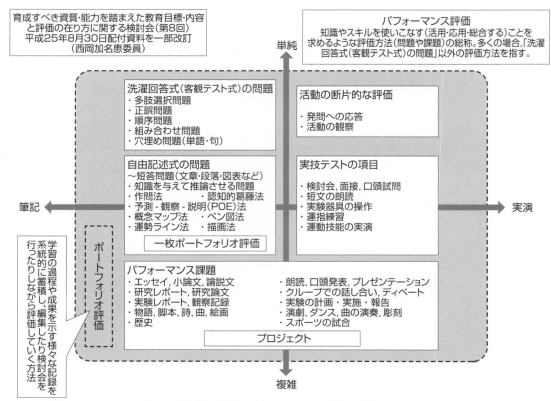

図14　評価方法（西岡・田中，2009，p. 9 の図を一部改訂）

トが可能です。またそれぞれのプロセスで何を学んだかについて自由記述で問うこともできます。一連の準備のプロセスや成果を示す記録を蓄積し評価する方法ではポートフォリオ評価になります。また発表ではどのようにプレゼンテーションができたのかどうか，知識やスキルを使いこなすことができたかどうかの実技テストも実施できます。質疑応答の評価もできるでしょう。このように，プレゼンテーションの評価と一言にいってもいくつかの断片あるいは活動全体に対する評価方法にはいくつかの選択肢があります。重要なのは，評価者がプレゼンテーションの何をどのように評価したいのかを明らかにすることです。

　以下にプレゼンテーションの評価の実践例と評価シート（図15）を示します。

1.　プロセス評価◎：授業後にワークシートに記入させ理解を確かめるとともに，進捗状況やグループ作業を評価します。ワークシートに沿って適切に内容を記入しているかどうかを評価します。

2.　パフォーマンス評価◎：本番の発表で教師とTAが5項目（構成，内容，伝え方，質疑応答，時間）についてそれぞれ3段階で評価します。気づいた点があれば備考欄に書きます。教師・TA用評価シートの例を以下に示します（p. 29 参照）。

3.　省察の評価◎：講義で学んだことと，実際に実践した感想を書いてもらいます。適切に振り返りができているかどうかを評価します。

4.　自己評価：自分のプレゼンテーションに対する認識・スキル，グループへの貢献度を評価します。自分の現在の考えやスキルを適切に評価できているかどうかを評価します。

5.　他者評価：他の人のプレゼンテーションを評価し，見る目を養います。他者のプレゼンテーションに対して「構成」「内容」「伝え方」「質疑応答」「時間管理」について適切にできているかどうかを5段階で評価します。学習者用評価シートの例を以下に示します（p. 29 参照）。

教師・TA 用評価シート

グループ名・発表テーマ	構成	内容	伝え方	質疑応答	時間	備考

1：改善が必要　3：ふつう　5：よい

学習者用評価シート

発表者：＿＿＿＿＿＿＿＿＿＿＿＿＿＿＿＿＿＿＿＿＿＿＿＿＿＿＿＿＿＿＿＿

評価者：＿＿＿＿＿＿＿＿＿＿＿＿＿＿＿＿＿＿＿＿＿＿＿＿＿＿＿＿＿＿＿＿

構成	1 － 2 － 3 － 4 － 5
内容	1 － 2 － 3 － 4 － 5
伝え方	1 － 2 － 3 － 4 － 5
質疑応答	1 － 2 － 3 － 4 － 5
時間	1 － 2 － 3 － 4 － 5
コメント	

1：改善が必要　3：ふつう　5：よい

図 15　プレゼンテーション評価シート

（※時間は 1：制限時間外　3：制限時間内　5：制限時間ぴったりに終了）

　1～5のうち成績で重視する3つの項目に◎をつけました。

　1.のプロセス評価は，1回1回の学習内容を理解し，段階的に理解を積み上げていくプロセスを評価することがねらいです。発表だけ評価するとプロセスを軽視し，内容が薄いものになりがちなので，プレゼンテーションを探求的なものにするためにプロセス評価の導入が必要です。

　2.のパフォーマンス評価については，本番のプレゼンテーションの成果の評価は欠かせません。適切な準備が必要な5項目に分けて評価します。評価シートは全グループのプレゼンテーションの評価を一覧できるように行を調整し，A4サイズの用紙に印刷します。また，評価結果は聞く人によって異なるため，教師，TA，その他の学習者など評価者ごとに評価を分けるのも効果的です。本番前にリハーサルを評価するのも参考になります。評価結果については，合計点を計算して，上位のプレゼンテーションを表彰するのもモチベーションを高めます。この場合，ただ表彰するだけでなく，発表者にインタビューをおこない，なぜみんなに選ばれるプレゼンテーションになったかどうかその要因を探り共有するとよいでしょう。学習者が選ぶベストプレゼンテーションと，教師やTAが選ぶベストプレゼンテーションは異なることも多いのです。良いプレゼンテーションについて共有し，秘訣を探り自分の目標に変えることができます。

　3.の省察の評価は，準備して発表すれば終わりでなく，発表後に何が足りなかったのか，何ができたのかどうか，また他者のプレゼンテーションから何を学んだのかについて振り返ることが次の目標設定に欠かせません。振り返りにおいては言語化が重要なので，500字など分量を決めて，振り返る項目も提示すると慣れない学習者にとっても書きやすいでしょう（☞は第6章 p. 118を参照）。◎がついていない4.自己評価と5.他者評価は，3.の振り返りの材料になります。

　4.自己評価は，講義の始めと中間・最後の段階でアンケートを準備し，回答してもらうのも効果的です。自身の変化を可視化することが成長につながります。個別最適な学びのためには，自己評価の時間を多くとることが重要です。

　5.他者評価は，学習者が他の学習者のプレゼンテーションを評価します。学習者用シートは他者評価するだけでなく，評価後に発表者にシートをわたしてフィードバックを共有することもできます。短い時間で得点をつけてコメントができるように，A4サイズの用紙に4名分の評価シートが含まれるように印刷し，学習者自身にシートを切ってわたしてもらいます。他者の評価は厳しくなりがちなので，自分が評価されてやる気が出ることが期待できるので，役に立つコメントを丁寧に書くように事前に説明します。

[4] ルーブリックの活用

　「プレゼンテーション」が何を指すのかの認識は個人の経験によって大きく異なります。プレゼンテーションを学ぶことについて全貌がわからないまま学習を始める人も多いものです。そのため，プレゼンテーションの学びを明確に言語で表し，どの程度できればどのレベルなのかをあらかじめ知っておくことが学習の役に立ちます。

　以下に示すルーブリックは初心者の大学生が基礎から応用まで半期間（90分×15回）の講義で到達可能な最高レベルを5として，熟達化プロセスを5段階のレベル別に分類し，過去の受講生と共同で作成したものです。評価は5段階で，レベル1「相当の努力を要する」，レベル2「やや努力を要する」，レベル3「満足できる」，レベル4「十分満足できる」，レベル5「期待している以上である」としました。項目を以下に示します：「1.声」「2.アイコンタクト」「3.ジェスチャー」「4.話し方」「5.声のトーン」「6.声のトーン」「7.画面」「8.アイディア」「9.絵や写真の挿入」「10.グラフ」「11.前後の変化」「12.大きさやフォント」「13.聴衆を引きつける内容」「14.簡潔にまとめる」「15.発表の雰囲気」「16.質疑応答」「17.ユーモア」「18.発表の準備」「19.情報力」「20.場の雰囲気」。これらの項目は「A.伝

え方」と「B. 内容」と「C. 聴衆とのコミュニケーション」の3つのカテゴリーに分類されます。「A. 伝え方」は「1. 声」「2. アイコンタクト」「3. ジェスチャー」「4. 話し方」「6. 声のトーン」「7. 画面」です。「B. 内容」は「8. アイディア」「9. 絵や写真の挿入」「10. グラフ」「12. 大きさやフォント」「13. 聴衆を引きつける内容」「14. 簡潔にまとめる」「19. 情報力」です。「C. 聴衆とのコミュニケーション」は「5. 聴衆への配慮」「15. 発表の雰囲気」「16. 質疑応答」「17. ユーモア」「20. 場の雰囲気」です。「11. 前後の変化」と「18. 発表の準備」はすべてのカテゴリーに当てはまります。

　本項では，中野（2018）をもとに大学での集中講義の効果を紹介します。プレゼンテーション基礎の受講者29名を対象に2日間の講義の効果を測定するために，ルーブリックを活用しました（☞ p. 30〔4〕ルーブリックの活用を参照）。「A. 伝え方」は「1. 声」「2. アイコンタクト」「3. ジェスチャー」「4. 話し方」「6. 声のトーン」「7. 画面」です。「B. 内容」は「8. アイディア」「9. 絵や写真の挿入」「12. 大きさやフォント」「13. 聴衆を引きつける内容」「14. 簡潔にまとめる」「19. 情報力」です。「C. 聴衆とのコミュニケーション」は「5. 聴衆への配慮」「15. 発表の雰囲気」「16. 質疑応答」「17. ユーモア」「20. 場の雰囲気」です。ルーブリックで扱った項目は上に挙げた項目のうち「10. グラフ」は全員がグラフを使用しておらず，また「11. 前後の変化」は授業内容と合致していなかったため対象から除外しました。

　受講者のルーブリックの自己評価の得点の変化を図16に示します。どの項目も事前より事後の点数が高くなっていました。この結果より，2日間という短い期間ですが，2回のプレゼンテーションを通じて経験を積み重ねることによって評価の得点が全体的に向上していることがわかります。事前事後の差を比較したものを図17に示しました。差が大きかった上位3項目は順に「3. ジェスチャー」「6. 声のトーン」「5. 聴衆への配慮」でした。差が小さかった下位3項目は，「7. 画面」「15. 発表の雰囲気」「18. 発表の準備」でした。差が大きかった伝え方の項目は，それぞれ気をつけなければいけないことが明確で，発表者自身だけでなく聴衆も効果が確認しやすい項目であると言えます。これに対して差が小さかった項目は，成功したかどうかについて第三者からのフィードバックが不可欠で，発表者自身では評価が難しかったのではないかと考えられます。これらの結果から，自分である程度適切に評価できる項目と，他者からのフィードバックがないと適切に評価できない項目があることがわかります。後者の他者の視点が必要な評価項目については，発表場面をビデオ録画したりするなどして，重点的に相互評価させる方法も効果的です。

　次に，「A. 伝え方」「B. 内容」「C. 聴衆とのコミュニケーション」の3つの上位カテゴリーの傾向を分析した結果より，3カテゴリーの中で最も伸びが大きかったのは「A 伝え方」であることが明らかになりました。事前評価では3カテゴリーの中で「B 内容」が最も高く「A 伝え方」が最も低かったですが，事後ではカテゴリー間で大きく差が見られませんでした。このことから，受講前の段階では受講者は，プレゼンテーションの内容面において自分の考えを一人でまとめることは比較的得意であったことがうかがえます。一方で，プレゼンテーションは個人の考えの一方向の表明ではなく，聴衆の興味関心に合わせて内容を構築するような双方向の行為です。講義での実践を通してプレゼンテーションとは何かという理解が深まったことにより，「A 伝え方」や「C. 聴衆とのコミュニケーション」を含めたプレゼンテーションで重要な視点が網羅的に理解され，3カテゴリーの全体的な評価の向上につながったと考えられます。

　特別な訓練を受けたことがない大学生は内容をまとめるのが得意な内容重視派と，他者とコミュニケーションをとるのが得意な伝え方重視派に分かれます。得意な部分を伸ばす一方で，不得意な部分を強化してスタイルを変化させてみることによって新たな自己発見につながります。内容が得意な学習者は伝え方に重点を置き，逆に伝え方が得意な学習者は内容に重点を置くなど，事前の自己評価の傾向により重点的に学ぶべき点を自己分析することが有効性です。

図16　ルーブリックの得点（中野，2018）

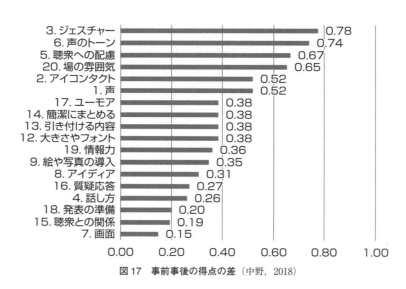

図17　事前事後の得点の差（中野，2018）

3．学習者への One Push

[4] プレゼンテーションの先達を見つける

　プレゼンテーションを学ぼうと思ったら学習者自身が先達を見つけます。ここでいう先達とは，職業としての先生ではなく，自分の知らないことを教えてくれる人を指します。学校では担当の先生がその内容について教えてくれますが，それだけでは不十分です。プレゼンテーションには正解がなく，様々な考え方や価値観があります。したがって，一人の先生から学ぶことはその先生の考え方であって，それが学習者にとっての良いプレゼンテーションにつながるとは限りません。そのため，プレゼンテーション能力の向上には自分の能力・スキルや興味関心の成長や発展に応じて，その都度，自分に必要な先達を探し続けるという努力も必要になります。

　プレゼンテーションの担当の先生だけでなくクラスメートや同年代の友人・先輩・後輩が鋭い指摘をしてくれることもあります。特に同年代の人は「プレゼンテーションを現在進行中で学ぶ同士」として時に励まし合いながら，切磋琢磨することができます。学習者同士であればお互いに学ぶ者としての共感を

表6　プレゼンテーションの先生に誰がなるか

	先達（先生など）	先輩	友人・クラスメート
知識・経験	豊富	ある程度豊富	それほどではない
関係	上下	上下	横ならび
尋ねやすさ	尋ねにくい	やや尋ねやすい	尋ねやすい
コメント	正解を教えてくれる	正解・ベターなものや改善点など―意見を教えてくれる	ベターなものや改善点など―意見を教えてくれる。気持ちを共有しやすい。
手段	授業に参加する，質問する	質問する	質問する

もってお互いの先生になることができるでしょう。表6に学習者同士で先生になる場合と，先輩が先生になる場合の違いをまとめました。プレゼンテーションでは多様な聴衆を想定しているため，知識や経験があってもなくても，自分とは異なる他者の意見としてすべてのコメントが有益です。

先達から学ぶ

先生については，プレゼンテーションそのものを教授する内容面だけでなく，その先生がどのように伝えているか，学習者のやる気を引き出そうとしているかも直接的・間接的に役立ちます。プレゼンテーションの授業以外の科目の先生も同様に授業の構成やテーマの選び方，授業の始め方などの工夫を分析してみてください。その際，自分が興味をもつ場合と興味をあまり持てない場合に分けて，自分で実験してみると気づくことが多いでしょう。

先輩が先生になる場合

大学でTAが授業にいる場合は，作成過程および本番でのコメントが役立ちます。その際，何かを教えるというよりは，「困ったことについて相談にのってあげる」というスタンスがうまくいきます。学習者は経験が少ないためあらゆる場面でどうすればよいか悩むものです。そんな時に，悩んでいることを共有でき，さらにアドバイスをくれる存在は学習者にとってはとても心強いでしょう。TAなどがいない場合は，経験者に実際に経験者が作成したプレゼンテーションを紹介してもらい，その後に「このプレゼンテーションで自分が工夫した点」「うまくいったところ／いかなかったところ」「いつも自分がプレゼンテーションで気をつけていること」「後輩へのアドバイス」などをまとめてもらうと学習者の役に立ちます。学習者にとって先輩の経験談は貴重なもので，その後の学習の質に影響を与えます。時間の関係で直接授業に呼べない場合は，上記の項目についてスライドにまとめてもらい，それを教師が授業中に紹介するのも有効です。可能であれば，学習者に質問や感想を書いてもらいそれを先輩に見てもらって，さらにコメントをお願いするという方法もあります。

学習者同士で相互に先生になる場合

プレゼンテーションの作成過程では学習者がお互いにコメントをし合い，チェック表に基づいて相互評価します。その際，自分が学習者として先達から言われると励みになるようにフィードバックするよう配慮や指示が必要です。プレゼンテーション本番では評価項目に基づき評価をおこない，次の機会に役立つコメントを書きます。コメントのバランスをとるために，良かった点について1つと改善点について1つなど記入内容に制約を設けるとよいでしょう（☞ p. 28 他者評価参照）。

プレゼンテーションについて自分よりも知らないだろうと思われる人からも学ぶ余地はたくさんあります。なぜなら，プレゼンテーションには多様な視点が重要だからです。聴衆全員がそのテーマについてよく知っていて，プレゼンテーションそのものに興味があり，好意的に聞いてくれるとは限りません。テーマについて知らない，プレゼンテーションに興味がない，時間がないのであまり聞きたくない，という人に意見を求めるのも重要です。そのためには，プレゼンテーションを学習しているコミュニティから離れて，友人や家族に意見を聞くとよいでしょう。わからない，興味がないからこそ，発見できる視点があります。「ここがよくわからない」「結局何が言いたいのか」など，第一印象や雰囲気など言葉にできない情報もプレゼンテーションをブラッシュアップするための貴重な材料となります。

［5］学習者に合った教材を探す

前節では人から学ぶ場合について述べましたが，それ以外にもプレゼンテーションの学習にヒントとな

る教材はたくさんあります。例えば，インターネット，テレビ，文章や広告，本など，私たちの身の回りにはモノ・情報が溢れています。プレゼンテーションでは先達を探し続けるのと同じように，プレゼンテーションを学ぶための教材も探し続ける必要があります。プレゼンテーションの教材を探していくと，言語・文化によって違う部分や，そのプレゼンテーションが指し示す定義や目的，対象によって異なる点も見つかります。他方，共通点もあります。このように，教材を探す際にはそのプレゼンテーションがどのような時，場所，状況でおこなわれることを想定しているか，自分に役立つかどうかを考慮しながら理解すると新たな気づきがあります。以下，インターネット，本やその他からプレゼンテーションの教材を探すヒントをご紹介します。

インターネットで探す ───────────

インターネット上には様々なプレゼンテーションのための動画やコンテンツがあります。「一流のプレゼンテーション」や「プレゼンテーションの極意／コツ」などで検索するとたくさんのコンテンツがすぐに手に入ります。多くの人が良いと思う動画を見ることで自分がプレゼンテーションをする際の参考になります。日本語のプレゼンテーションも英語のプレゼンテーションも言語にかかわらず共通する良いプレゼンテーションのポイントがあることに気づくはずです。一方で，特に，インターネット上で閲覧できる情報は羅列されていることが多いため，限界点を理解したうえで状況や目的別に整理しながら理解していく態度が重要です。

本で探す ───────────

プレゼンテーションに関する書籍もたくさん出版されています。本から学ぶ場合には段階に分けて探索するとよいでしょう。はじめは，プレゼンテーションの本に何が書かれているのか傾向をつかみます。書店や図書館でプレゼンテーションと名の付く本を3〜5冊あさって何が書いてあるかパラパラ読んでみるとよいでしょう。そうすると，プレゼンテーションで何を学んでおくべきなのか押さえるべきポイントが見えてきます。現在，出版されているプレゼンテーションの本は，どちらかというと社会人を対象にした即効力のあるスキルを扱っていることが多いようです。数は少ないですが，教育のためのプレゼンテーションの本も存在します。また，「社外」「社内」とプレゼンテーションの聴衆によって分けたものや，商談で成功するなどプレゼンテーションの成果に特化した本もあります。このように本は読者のニーズをマーケティングして編集されていることから，自分のニーズを考えながら本を理解するとよいでしょう。

次に，知りたいポイントが明らかになったら，そのポイントを重点的に扱っている本を探します。レビューを参考にし，その分野でよく読まれている本を1冊購入するのも1つの手です。情報はインターネットでも手に入るため，本を買うのは出費であるかもしれませんが，1冊手元に置いていつでも参照できるようにしておくためには支払う価値があります。よく使うか使わないかにかかわらず，本は知識の集合体なので1冊全体を網羅的に理解することが重要です。最後に，プレゼンテーションの傾向も自分が学びたいポイントも理解できたら，後はそれに適した教材を探し続けます。ここまでくると，細かいヒントを多様な書籍やそれ以外の教材から得ていくことになるでしょう。重要な点は，本は著者の体験や価値観に基づき知識や情報が整理され，体系化されていることが多いということです。インターネットでやみくもに検索していては，人によって統合された情報や知識を得ることは難しいものです。

その他 ───────────

プレゼンテーションは私たちのコミュニケーションそのものであり，社会はコミュニケーションで成り立っています。普段の生活の中で自分の視点をもって身の回りのものを理解し，その効果や影響を分析するという過程そのものがプレゼンテーションのスキルの向上に必要です。自分の身の回りから学ぶということは，自分自身が学びの主役であり，「気になったこと」「興味のあること」を自ら探すことで学びそのものをコーディネートできることを思い出させてくれます。プレゼンテーションは授業や活動で終わるものではなく，日常に広がっていて学べるものは無数にあります。音声にこだわらなければ，本や新聞記事，雑誌などもどのように読者の興味関心をひきつけるか，全体の構成など，プレゼンテーションのスライド作成に直結するヒントが得られます。商品を買う際，コマーシャルや宣伝などによって購買行動が変わります。みなさんはどのような時期にどのような広告を見ると何かを買いたくなりますか？このような疑問を検証していくと，プレゼンテーションのヒントが得られるでしょう。「わかりやすく伝える」という点に焦点を当てるなら，プレゼンテーションそのものに限らず，テレビの司会者やコメンテーターの話し方，

伝え方も参考になりますし，PowePointなどのスライドにこだわらず昔の人が話すだけのスピーチもその本質を理解するのに役立つでしょう。

[6] DVDを用いた自己評価

　並行反復学習法を用いて1回目の経験を2回目のプレゼンテーションに活かすためには，自己分析が欠かせません。1回目の経験を踏まえて自身の学びの進捗状況を確認し，目標を再設定することができれば時間を効率よく使うことができます。そこで，本節ではDVDを用いた自己評価の方法を紹介します。

　1回目のプレゼンテーションはまずは実践してみることが重要ですが，その分，終わってから様々な課題に気づくことでしょう。しかしながら，自分が自分で気づける範囲は限られています。発表の質を向上させるために，一般的に発表に求められる項目を見て理解し，自己分析することが役に立ちます。目指すプレゼンテーションについて具体的にイメージを膨らませることで，今やるべきことが見えてきます。初心者によくある問題点について対策を示したDVDを作成しました。評価シートの例と項目を以下に示します。①画面を見る時間を減らし，アイコンタクトを積極的にとる：自分の目線の動きに意識を向けて，聴衆に伝えるという気持ちを強く持ちます。②相手にジェスチャーを入れながら話す：言葉だけで伝えようとせずに身振り手振りの重要性に気づきます。③④発表を聞いている人への配慮：発表者の立場から見るだけでなく，聴衆の立場から自分のプレゼンテーションがどう見られるか客観的な視点を持ち，配慮します。⑤聴衆の意見を求め，発表を盛り上げる：一方的に話すだけでなく，聴衆とのコミュニケーションをとり入れます。⑥目次のスライドの説明：目次は聴衆の心の準備を整え，理解を進めるために不可欠なものなので，丁寧に言葉に出して説明します。⑦図を含む場合のスライドの説明：図を貼り付けるだけでなく，図の説明を丁寧におこないます。⑧発表終了後の配慮：発表が終わった後も聴衆に感謝して最後まで気を抜かずに終えることが大事です。⑨質問の仕方：1回目の発表では質問への回答まで気が回らない

問1　DVD教材の各項目についてお尋ねします。各項目について5段階で自己評価し，その理由を書いてみましょう。1「できなかった」，3「ふつう」，5「できた」

項目	評価	理由
①画面を見る時間を減らし，アイコンタクトを積極的にとる		
②相手にジェスチャーを入れながら話す		
③発表を聞いている人への配慮（1）		
④発表を聞いている人への配慮（2）		
⑤聴衆の意見を求め，発表を盛り上げる		
⑥目次のスライドの説明		
⑦図を含む場合のスライドの説明		
⑧発表終了後の配慮		
⑨質問の仕方		

問2　今できていると思う項目の番号を書いてください。

問3　次回のプレゼンで力をいれたいと思う項目の番号を書いてください。

問4　DVDを見て自己評価した感想を書いてください。

こともありますが，しっかり考えを伝えられるように考えてみましょう。

　以上の項目について悪い例と良い例を動画にまとめたものを視聴し，自分のプレゼンテーションでできていたかどうか評価をし，理由を書きます。現在できている項目とできていない項目を分析し，次回に活かす内容や感想を書くシートを用意しました。これに記入することで，クラスの発表を聞くだけでは気づかなかった点に気づき，２回目のプレゼンテーションの質を上げることができます。書き方は，以下の２つの例を参考にしてください（DVD はサイトよりダウンロードできます）。

例1

学籍番号：　　　　　　氏名：

問1　DVD 教材の各項目についておたずねします。各項目について5段階自己評価し，その理由を書いてみましょう。1「できなかった」，3「ふつう」，5「できた」

項目	評価	理由
①画面を見る時間を減らし，アイコンタクトを積極的にとる	4	聞き手の方を向いて話すことを意識したから。
②相手にジェスチャーを入れながら話す	1	ジェスチャーができなかった。
③発表を聞いている人への配慮（1）	1	自分たちの発表だけで，見にくさなど考えられていなかった。
④発表を聞いている人への配慮（2）	2	
⑤聴衆の意見を求め，発表を盛り上げる	3	問いかけをできた。
⑥目次のスライドの説明	2	目次は流してしまっていたのでしっかり説明しようと思った。
⑦図を含む場合のスライドの説明	2	図の説明を丁寧にできなかった。
⑧発表終了後の配慮	1	次の人のスライドがわからなかった。
⑨質問の仕方	2	名前なども言わずに質問していた。

問2　今できていると思う項目の番号を書いてください。

1

問3　次回のプレゼンで力をいれたい思う項目の番号を書いてください。

5

問4　DVD を見て自己評価した全体的な感想を書いてください。

DVD を見て，自分たちにできないことが多くあることを知り，次回のプレゼンでは今回見たことを活かしてプレゼンしたいと思った。

例2

学籍番号：　　　　　　氏名：

問1　DVD 教材の各項目についておたずねします。各項目について5段階自己評価し，その理由を書いてみましょう。1「できなかった」，3「ふつう」，5「できた」

項目	評価	理由
①画面を見る時間を減らし，アイコンタクトを積極的にとる	1	パワーポイントのノートばかりを見ていた。
②相手にジェスチャーを入れながら話す	4	ジェスチャーはできたと思う。
③発表を聞いている人への配慮（1）	1	画面を指せなかった。
④発表を聞いている人への配慮（2）	1	聞いている人のことを考えていなかった。
⑤聴衆の意見を求め，発表を盛り上げる	1	意見を求めるという考えがなかった。一方通行になっていた。
⑥目次のスライドの説明	1	時間がなかったのでとばしていた。
⑦図を含む場合のスライドの説明	4	図の説明はある程度できたと思う。
⑧発表終了後の配慮	1	次の自分の発表に夢中になりすぎていた。
⑨質問の仕方	1	自分の名前も名乗らず質問だけしていた。

問2　今できていると思う項目の番号を書いてください。

2，5

問3　次回のプレゼンで力をいれたい思う項目の番号を書いてください。

1，4，5

問4　DVD を見て自己評価した全体的な感想を書いてください。

自分がまだまだプレゼンテーションができていないことに気が付いた。聞いている人のことをもっと考えてプレゼンテーションをしたい。

第4章
カリキュラムへの導入【Curriculum】

　プレゼンテーションの学びは，専門科目で学ぶだけでなく，授業方法として講義の一部に取り入れる方法があります。また授業外や遠隔でも実施することができます。本章では具体的なカリキュラムへの導入事例を紹介します。

1. 導入方法

[1] プレゼンテーションの専門科目で学ぶ

　「プレゼンテーション演習」のように科目名称にプレゼンテーションが含まれる講義で，プレゼンテーションの学習を主なねらいとする科目について述べます。このような科目では，すべての時間をプレゼンテーションの学びに使うことができるため学習者はプレゼンテーションについて広く深く理解することができます。講義時間90分，半期15回で構成される講義の構成例を説明します。

　講義のねらいは，「自分の考えを明らかにするとともに，他者の立場や考え方を理解できる」「与えられたテーマに関する事柄を必要に応じて自分で調べ，内容を論理的に整理できる」「自分の考えを整理して，他者に伝えることができる」「他者の意見を聞いて理解し，自分との相違を明確にして議論できる」などが考えられます。並行反復学習法を15回講義に当てはめると，全体をおよそ二等分した7回分の講義を1セットとし，それを2回繰り返します。具体的には，前半の第1回～第7回は導入期とし，スライド作成法の基礎を学習し，テーマに関するプレゼンテーションをおこないます。独自のテーマを設定し，グループあるいは個人で調査し，発表の手順について一通り理解することが目標です。1セット目は難しく考えずに一連のプレゼンテーションの学びを理解することに専念してもらいます。後半の第8回～第15回は発展期とし，効果的に聴衆に伝えるためのプレゼンテーションの技法を学びます。導入期の学びを活かし，発展的な発表技術を学習します。各セットの最後に発表と相互評価の時間を設けます。クラスの人数が多い場合は，第6，7回と第13，14回のように2回の講義を発表と相互評価に充てます。

　発表は，前半を2，3名のグループで，後半を個人でおこなうと効果的です。初心者はグループで学ぶことによってお互いに協力し，苦手な部分を補うことができます。もちろん，2回とも個人発表でも多くのことを学ぶことができます。発表の人数にかかわらず発表の準備時間や発表時間などの条件は統一することが重要です。条件が異なれば，何が良かったのかどうか分析が難しくなり経験を効果的に活かすことができません。大学生の基礎的なプレゼンテーションの練習に適した条件を以下に示します。この条件設定で自分の課題遂行に必要な時間や労力の目処が立てば，他の場面でも見積もりができ，締め切りまでの時間と発表時間に合わせて応用することができます。

　　①課題発表から本番の発表まで約7週間
　　②発表時間3分以上，5分以内
　　③グループで発表する場合は，分担してグループ全員が発表すること
　　④スライドの枚数（表紙＋3～8枚程度）

　学習スケジュールと講義内容を表7に示します。学習者はテキスト『大学生からのプレゼンテー

ション入門』に沿って学習し，毎回ワークシートに記入することで学習ポートフォリオができあがります。何を学んだのか記録を残しておくと，第8回目以降の2セット目の実践で活かすことができます。講義の評価の一例は，2回分の発表50%，提出物30%，授業への貢献度（積極的な質疑応答や参加態度）20%です。提出物は各セットの終わりにテキストを回収し，学習ポートフォリオを評価します。また，他者評価のシートもこの提出物にあたります。質疑応答の時間は，質問担当者を順番であらかじめ1名指定しておき，その他，質問したい人がいる場合は時間内であれば受け付けるようにします。1つの発表に対して質問は2，3あると望ましいです。複数の質問を考えることで，質問のつくり方も学ぶことができます。同じような質問が出る場合もあるため，担当者には3つほど考えておいてもらうようにします。

[2] 学習成果の発表としてのプレゼンテーション

　プレゼンテーションの学びが主ではない科目でも，学習成果を発表する機会としてプレゼンテーションを使うことができます。このような場合は講義の最終回や小まとめの回でプレゼンテーションをおこないます。本項では教養科目の「知と教養」の事例を紹介します。「知と教養」は選択授業で，全学部に開かれています。講義のねらいは，高校から大学への学びの接続として「教養とは何か」「学ぶとは何か」について理解を深めることとしました。15回の講義を基礎期，応用期，発展期の3期に区分しました（表8）。基礎期（第1〜2回講義）では，「知と教養」の基本的な考え方を学びます。応用期（第3〜10回講義）では，多様なテーマについてリレー講義をおこない，講義の中から異分野（学部混成のクラス）のメンバーで問いを立ててディスカッションします。発展期（第11〜15回講義）では，基礎・応用期で発見した問いを深め，批判的思考力や分析力を伸ばすとともに，講義全体を振り返り，ポスター発表を通じてクラスで学びを共有します。第11〜15回の発展期では希望調査により配属され，知と教養の総括としてレポート作成，グループ発表，ポスター発表をおこないました。

　このようなプレゼンテーションでは，発表のテーマを自分で決定することが重要です。教師から提示された知識や情報を自らどのように紡ぐかそのプロセスが学習成果になるからです。この講義では，大まかなテーマを決定するうえで教師を学習者に選んでもらいました。さらにその範囲において自分でテーマを選べるようにしています。例えば，「メディアと社会」であれば，「ネット依

表7　15回講義における学習スケジュールと内容

講義回	位置づけ	プレゼンテーション		マネジメント	
		テキスト	ワークシート	テキスト	ワークシート
第1回	基礎編	1. テーマ決定と見通し	社会人基礎力評価	1. 目標設定	ブレインストーミング
第2回		2. 紹介型の構成	背景と目的	2. タイムマネジメント	目標設定・現状分析
第3回		3. 論理表現	構成案	3. 自己分析	説得力と自己分析
第4回	第1回発表	4. ストーリー	スライドのつなぎ言葉	4. 進捗状況確認	進捗状況チェック
第5回		5. レイアウト	図表の作成	5. 相互評価	進捗状況・他者評価
第6回		6. 発表	発表前後アンケート	6. 目標達成	目標管理
第7回		7. 反省と評価	他者評価	7. 目標再設定	目標再設定
第8回	応用編	8. テーマ決定と見通し	社会人基礎力評価	8. 目標設定	ブレインストーミング
第9回		9. 提案型の構成	背景と目的	9. タイムマネジメント	目標設定・現状分析
第10回		10. 理由の質を考える	構成案	10. 自己分析	説得力と自己分析
第11回	第2回発表	11. ストーリー	スライドのつなぎ言葉	11. 進捗状況確認	進捗状況チェック
第12回		12. レイアウト	図表の作成	12. 相互評価	進捗状況・他者評価
第13回		13. 発表	発表前後アンケート	13. 目標達成	目標管理
第14回		14. 反省と評価	他者評価	14. 目標再設定	目標再設定
第15回	まとめ	15. まとめ	まとめ	15. まとめ	まとめ

表8　ある年度の「知と教養」のスケジュール(中野, 2020)

―	週	場所：FIT ホール 3 階					
基礎	1	（合同）オリエンテーション／自校教育【上寺】					
	2	（合同）大学での学び【上寺】					
―	週	講義室 R1	（テーマ）	講義室 R2	（テーマ）	講義室 R3	（テーマ）
応用	3	中野①	少子高齢化社会	阿山①	リスクと援助	徳永①	「私」さがし
	4	中野②	ジェンダー	阿山②	国際協力	徳永②	過去と未来
	5	徳永①	「私」さがし	中野①	少子高齢化社会	阿山①	リスクと援助
	6	徳永②	過去と未来	中野②	ジェンダー	阿山②	国際協力
	7	阿山①	リスクと援助	徳永①	「私」さがし	中野①	少子高齢化社会
	8	阿山②	国際協力	徳永②	過去と未来	中野②	ジェンダー
	9	振り返りとクラス分け					
発展	10	中野③-1	メディアと社会	阿山③-1	人間社会の成熟に向けて	徳永③-1	人生の設計
	11	中野③-2	メディアと社会	阿山③-2	人間社会の成熟に向けて	徳永③-2	人生の設計
	12	レポート作成					
	13	ポスター作成・発表準備					
	14	ポスター発表会					
	15	学びの振り返りと総括					

存」「報道のあり方」「子供にスマホは必要か」など学習者が興味関心をもったテーマについて調べてもらいます。そして最後に，「あなたにとって知と教養とは何か？」という問いに対する答えをスライドにまとめてもらうことを条件としました。これにより，講義全体の学習の総括になります。このように幅広く学んだ後に自分で教師とテーマを決定し，調べたいことについてプレゼンテーションを作成する学習プロセスは，自己決定理論（Ryan & Deci, 2006）で示されているように自己効力感を高めます。実際に，学習者の満足度が高い結果となっています。

[3] 理解を深めるためのプレゼンテーション

　授業の理解を深めるために部分的にプレゼンテーションの機会を設けることも効果的です。一方的に講義を受けるだけでなく，講義の区切りで学んだことを自分の言葉でアウトプットすることによって理解を深めることができます。本項では教養科目の「コミュニケーションの心理学」の例を紹介します。この講義は心理学の主要なテーマについて毎回学び，グループ・ディスカッションの技法の学習と実践を通して理解を深める構成となっています。15 回の講義のうち，前半と後半に分けて 2 回発表をおこないます。発表の機会を多く設けたい場合は，発表回数を 3 回にしてもよいでしょう。講義内容と学習者のプレゼンテーションの経験を考慮して回数を決めてください。コミュニケーションの心理学の講義では，第 7 回と第 14 回にプレゼンテーションの機会を設けました。プレゼンテーションをした後に，ディスカッションをグループでおこなってもらいます。講義計画を以下に示します。

　　コミュニケーションの心理学
　1.　コース・イントロダクション／コミュニケーションとは
　2.　パーソナリティ
　3.　感覚・知覚
　4.　学習
　5.　記憶
　6.　感情
　7.　行為　プレゼンテーションとディスカッション
　8.　知能

　　9．発達
　　10．無意識
　　11．心理的支援
　　12．対人認知と対人距離
　　13．対人関係
　　14．集団　プレゼンテーションとディスカッション
　　15．理解度テストおよび解説

　第7回講義のプレゼンテーションでは第1〜6回の講義内容を対象に，第14回講義のプレゼンテーションは第7〜13回の講義内容を対象に作成してもらうこととしました。プレゼンテーションはPowerPointを用いてパソコンを持参しておこなうか，配布資料を準備しておこなうかやりやすい方を選んでもらいます。表9にタイムスケジュールを示します。グループは4〜5名で構成され，はじめにプレゼンテーションを1人3分間でおこなってもらいます。プレゼンテーションの最初に，なぜそのテーマを選んだのか，プレゼンテーションの目的を話してもらいました。それ以外は発表方法や内容は自由としました。

　グループワークの時間が開始したら，自己紹介をして司会者を決めた後に，順番を決めて1人あたり3分間で発表します。その後，2分間，質疑応答やコメントをおこなう時間をとりました（5分×4〜5人＝20〜25分）。発表が終わった後，ディスカッションに移り，「大学生にとって幸せとは何か」「豊かな人生を送るために必要なことは何か」「大学生が心理学を学ぶ意義は何か」などについて議論し，結論を出してもらいます。お互いの発表を聞くことで学習を深め，その深まりについて議論することで学びについてさらに理解を深めるのがねらいです。ディスカッションの後，クラス全体で代表者に発表してもらい内容を共有します。このように，プレゼンテーションは成果発表だけでなく，学習のプロセスを共有し，それを材料にして議論をすることで多様な学びを統合することができます。

［4］科目間連携のためのプレゼンテーション

　プレゼンテーションで自分の考えをまとめて伝える機会を設けることで，他の科目の学習を支援することができます。本節では，プレゼンテーションの専門科目と「エンジニアリングデザインⅠ」という同一年次に開講された電気工学分野の専門科目と科目間連携をした例を紹介します。エンジニアリングデザインⅠでは学習者は車を設計し，実際に走行させることで実践的な知識を身につけます。この講義では，ほとんどの時間を講義と個人での製作に費やすため，アイディアについて他者との議論や，プロセスを共有することができないという問題点がありました。そこで，プレ

表9 タイムスケジュール

時間	内容	所要時間
0〜20分	講義 グループ分け・説明	20分
20〜25分	移動	5分
25〜90分	グループワーク	65分
	1．自己紹介・役割決め	10分
	2．プレゼンテーション （3分発表＋2分QAコメント）	5名×4〜5＝20〜25分
	3．ディスカッション ①「豊かな人生を送るためにはどうすればよいか」 ②「大学生が心理学を学ぶ意義は何か」	2×15分＝30分

表10　科目間連携のための講義の流れ

講義回	位置づけ	プレゼンテーション 個人内思考	マネジメント 手続き的知識	ディスカッション 個人間思考
第1回	基礎編	テーマ決定と見通し	目標設定	グループ作業：リーダーとフォロワーに別れ役割分担し随時議論をおこなう。
第2回		紹介型の構成	タイムマネジメント	
第3回		論理表現	自己分析	
第4回		ストーリー	進捗状況確認	
第5回	第1回 発表	レイアウト	相互評価	
第6回		発表	目標達成	
第7回		反省と評価	目標再設定	
第8回	応用編	テーマ決定と見通し	目標設定	個人作業：課題の共有
第9回		提案型の構成	タイムマネジメント	アイディアの共有
第10回		理由の質を考える	自己分析	アイディアの発展・拡張
第11回		ストーリー	進捗状況確認	アイディアの洗練
第12回	第2回 発表	レイアウト	相互評価	発表全体の洗練
第13回		発表	目標達成	相互評価
第14回		反省と評価	目標再設定	相互評価
第15回	まとめ	まとめ	まとめ	優秀者の発表と議論

ゼンテーション科目では，エンジニアリングデザインⅠで学習した内容をアウトプットし，アイディアを洗練させることで製作に活かすという相乗効果をねらいとしました。表10に科目間連携のための講義の流れを示します。

　科目間連携にあたり，並行反復学習法（A）「テーマに関する知識の獲得」，（B）「プレゼンテーションに必要な資料作成・発表技術の獲得」，（C）「課題遂行に必要なマネジメント能力の獲得」に新しい要素として（D）「他者との議論により製作物を洗練させるディスカッション能力の獲得」を追加しました。科目間連携のポイントは，（1）進行中の製作過程および製作結果をプレゼンテーションの対象にすること，（2）クラス内で製作過程に関する議論を導入し，製作物に反映させること，（3）製作物について発表すること，としました。この講義を通して学習者は，プレゼンテーションに必要な資料作成・発表技術の獲得と課題遂行に必要なマネジメント能力の獲得のみならず，専門知識の理解を深めることができます。エンジニアリングデザインⅠはもともと1年次の電気工学概論という講義で車を製作しています。この過去の学習を現在の学習を結びつけ，さらに将来の学習への関連づけの助けとなる道具としてスライドのテンプレートを準備しました（p. 43）。学習者は以下のテンプレートの順番①〜⑨に沿って，自由にスライドを作成することができます。車の製作は個人でおこなわれるためプレゼンテーションも個人でおこなうものとしました。講義では90分の時間を，講義（知識の獲得），個人内思考（スライドの作成），個人間思考（ディスカッション）に対して1/3ずつ充当することとしました。講義以外の時間は学習者が自由に話してよいものとし，わからないことがあった場合は教師やTAに尋ねてもらいました。実際の発表では製作物を使用します（映写等で紹介）。15回講義では優秀発表者を投票で選び，なぜ良かったかについて議論をおこないます。15回講義後にプレゼンテーションを通して学んだことについてレポートを提出してもらいました。

　　［テーマ：手作りモータによる電気自動車の設計製作］
　　①背景と目的：プレゼンテーションの背景と目的をまとめる。
　　②電気工学概論の製作レビュー：過去の同様の学習の反省点と課題をまとめる。
　　③エンジニアリングデザインⅠの目標設定：②と関連させる形で目標を設定する。
　　④改善アイディアの説明：目標達成のための改善アイディアを詳述する。
　　⑤製作計画（4〜8月）：スケジュールどおりに実際に実施できるかどうか検討する。

⑥設計図：設計図をスキャンし，紹介する。

⑦課題の進捗状況のポイント：現在までの進捗状況を報告し，課題をまとめる。

⑧競技会に向けた調整：競技会にむけて最終調整すべきことをまとめる

⑨まとめと今後の課題：スライドをまとめる。

　テンプレートは全部で9つの見出しを用意しました。①では，プレゼンテーションの背景と目的を述べます。②では，1年次の過去の学習の反省点と課題をまとめます。③では，②と関連させる形でエンジニアリングデザインⅠの目標を設定し，記述します。④のスライドでは，目標を達成するために，どのような改善が必要かアイディアを詳述します。⑤では，製作計画を立て，実際に実施できるかどうか検討します。⑥ではエンジニアリングデザインⅠで作成した設計図をスキャンし，紹介します。⑦では，現在までの進捗状況を報告し，課題をまとめます。⑧では，エンジニアリングデザインⅠの15回講義でおこなわれる競技会に向けてどのように最終調整をする予定かまとめます。⑨のスライドでは，最後にスライドをまとめ今後の展望を述べます。TA2名に自分の過去の学習を振り返って実際にスライドを作成・発表してもらい，授業中にモデルとして示しました。

　製作におけるアイディアの洗練には，はじめに自分でたたき台を考えた後に，他者と良い点や限界点について議論して，良いものは取り入れ自分の考えとすり合わせるプロセスが重要です。毎回の授業でスライドを部分的に作成させていくことで最終的に完成するような流れとしました。具体的には，第8回講義で1年生の過去の電気工学概論のレビューとその反省点を踏まえたエンジニアリングデザインⅠでの目標設定をまとめます（テンプレート①②③）。第9回講義では，第8回講義で作成したスライドを2～3名のグループをつくり発表させた後，質疑応答をしてアイディアの共有をおこないます。これにより，他の学習者と自分の考え方や着眼点の違いを認識させ，スライドを修正します（テンプレート①②③）。第10回講義では，アイディアの発展・拡張を目的として，これまでの個人作業とグループでの議論を参考に目標達成のための改善アイディアをまとめ，製作計画（4～8月）がスケジュールどおりに実際に実施できるかどうか検討し，設計図をスキャンし，スライドに入力しました（テンプレート④⑤⑥）。第11回講義では，アイディアの洗練を目的として，第9回講義と同様に2～3名のグループをつくり，第10回講義で作成したスライドのアイディアと製作計画部分を発表した後，質疑応答・議論をおこないました。

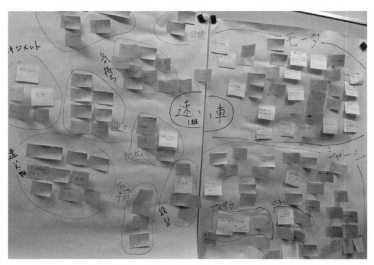

図18　KJ法

第10回のアイデアの発展・拡張では，以下のような流れでKJ法（川喜田，2017）を用いたワークを取り入れました（図18）。

　①4年生のKJ法のモデルの紹介
　②グループに分かれる
　③KJ法を用いて各グループでアイディアを出して，まとめる
　④発表
　⑤クラスで1枚の模造紙にまとめる
　⑥KJ法の結果を参考に自分のアイディア洗練
　⑦KJ法の感想を提出

大部分の学習者がKJ法を知らなかったため，はじめにTAを含む筆者の研究室の4年生に依頼して作成した模造紙をクラスで紹介し，課題について理解してもらいました。その後に，3〜4名のグループに分かれ，各グループにペン，付箋紙と模造紙を配布し，15分程度で「速い車」につい

てアイディアを書いてもらいます。その後，各グループに発表してもらい，各グループで作成された付箋紙をいったんはがし，クラスで1枚の模造紙に持ち寄り1つのKJ法を作成させます。まず小グループでアイディアを出し合うことで一人一人の学習者が責任をもつことと，クラス全体で1枚の模造紙にまとめることでアイディアを網羅できるようにしました。また最後に，4年生のモデルと比較し，2年生のアイディアと何が違うのか考えてもらい，KJ法の感想を書き，スライドを修正しました（テンプレート④⑤⑥）。次の講義で模造紙のアイディアをExcelにまとめたものを学習者に配布しました。

　第12回講義では，現在までの進捗状況を報告し，競技会に向けてどのように最終調整をする予定かをまとめ，テンプレートを完成させ個人で発表全体を洗練しました（テンプレート⑦⑧⑨）。第13，14回講義のどちらかで発表をおこない，発表の前後に目標の確認や発表を振り返りました。発表がない講義では，他の学習者の発表に対して質問を担当し，他の学習者を評価しました。第15回の講義では，投票により優秀者を決定し，なぜその発表が良かったのかクラスで議論し目標を再設定してもらいました。

［5］1分プレゼンテーションでコミュニティを作る

　プレゼンテーションをする時間はないが，コミュニケーション能力や発表能力を身につけるためにコミュニティを形成したい場合に効果的な方法が1分プレゼンテーションです。受講者が多い場合でも，50人程度であれば15回の講義で割ると1回につき3～4名程度になります。1人1分なので発表時間だけであれば5分弱でできることになります。全員が難しい時は希望者のみでも効果的です。大学でコミュニケーション能力を向上させるためにクラス全体の前で発表する機会をできるだけ多く設けることは学習者にとって貴重な経験になります。代表者だけでなく，全員が発表し，みんなが誰かの発表を集中して聞くトレーニングをすることで，他者認知を高め多様性を認めるコミュニティを形成することができます。

　1分プレゼンテーションは講義の冒頭でおこないます。ねらいは，「大勢の前でプレゼンテーションを準備し，発表できる」「他者の多様な興味関心を理解することができる」としました。テーマは「クラスでシェアしたいニュース」でPowePointを使って全員に発表してもらいます。テーマは「自由」とした時もありますが，教師側で絞った方がやりやすいようです。発表内容は季節のイベント，アイドル，スポーツや漫画，映画，風邪の対策，時事問題などなどバリエーションに富んでいて聞いていて飽きません。また内容だけでなくその学習者について発表から人となりを知ることができます。PowePointの経験がない場合でも1分という短い時間では構成を綿密に考える必要がないためスライドを作成するのは難しくありません。参考までに，紹介型のテンプレートを提示します（『大学生からのプレゼンテーション入門』p. 9参照）。各発表につき順番で1名質問担当者を決めて，発表後に質問をしてもらいます。その他に質問したい人がいれば時間を見てお願いします。

　このプレゼンテーションで重要なのは，聴衆が発表を評価しないという点です。経験が少ないと評価をすることに精一杯になり，顔を上げて話に集中することができません。コミュニティを形成するうえでみんなが自分の興味関心を受容してもらえたという経験が重要です。教師とTAでその日の発表をまとめてコメントするとよいでしょう。もし個別に感想を書いてもらう機会があれば，良かった点のみに着目するとよいでしょう。1分プレゼンテーションを導入すると，授業に遅れると発表者に申し訳ない，あるいは発表を聞きたいという動機づけからか遅刻が減ります。クラスの雰囲気も良くなり，授業のアイスブレイクとしても機能します。配慮が必要な学習者には必ずしも口頭発表でなくてもよいと伝えています。発表の順番は，くじで決めたいというクラスもあれ

ば，学籍番号順がいいというクラスもありました。意見が分かれる場合はクラス内の多数決で決めるといいようです。くじで決めるのは時間を要するため，学籍番号順に振り分け，事情がある場合は順番を変更できるようにするとうまくいきます。

[6] 集中的にプレゼンテーションを学ぶ

　90分の講義7コマ分を集約した2日間での集中講義形式でプレゼンテーションを学ぶ方法について説明します。講義全体の時間を半分に分け，前半を基礎期の1回目のプレゼンテーションの学習に，後半を発展期の2回目のプレゼンテーションの学習に充てます。講義内容を表11に示します。No.1～3の内容を1日目に，No.4～7を2日目に扱うこととしました。1日目は午前中にプレゼンテーションの基礎に関する講義をおこない，スライド作成の時間を設け，午後に第1回発表と相互評価をおこないます。2日目の午前中は1回目のプレゼンテーションの振り返りと共有，TAのプレゼンテーションをモデルとして紹介し，第2回発表のスライドの準備時間を設け，午後は第2回発表・総括，レポートを作成してもらいました。集中講義の利点として，短期間で反復するため上達が早いようです。短期的にプレゼンテーションのスキルを向上させたい場合は効果的です。一方，リサーチをしてテーマについて考えを掘り下げる際には2日間の間に期間を設けるなどして，準備時間をとります。

2. 遠隔でプレゼンテーションを学ぶ

[1] 講義の構成

　プレゼンテーションは対面講義でなければならないと考える人も多いでしょう。しかしながら，準備から発表まですべて遠隔でおこなうことは可能です。対面講義と遠隔講義との組み合わせによって相乗効果を発揮すると考えます。コミュニケーションは対面での他者とのインタラクションの中で学ぶことがたくさんありますが，それと同じかそれ以上，自分自身で考え，内容を深め，内省する時間も重要だからです。本節ではすべて，あるいは一部を遠隔講義でおこなう場合の例を紹介します。

　講義構成は対面でも遠隔でも大きく変わりませんが，遠隔ではどこに重点を置くかを明示的にすることが教師にとっても学習者にとっても重要です。学習者それぞれにプレゼンテーションに対す

表11　シラバスの内容

No	内容	講義	演習・その他	授業時間外学習
1	プレゼンテーションの基礎	○	並行反復学習法とは	ワークシート
			第1回発表の構想作成	テーマのリサーチ
2	スライド作成実習		スライド作成	ワークシート
			プレ発表・相互評価	スライド作成・発表準備
3	第1回目発表と相互評価		目標設定・第1回発表	ワークシート・ルーブリック（事前）
			相互評価	振り返りシート
4	プレゼンテーションの技法(1)	○	1回目の発表の振り返り	ワークシート
			第2回発表の構想作成	テーマのリサーチ
5	プレゼンテーションの技法(2)		効果的なスライド作成	ワークシート
			プレ発表・相互評価	スライド作成・発表準備
6	第2回目発表と相互評価		目標設定・第2回発表	ワークシート・ルーブリック（事後）
			相互評価	振り返りシート
7	全体のまとめとレポート作成		グループ・ディスカッション	
			レポート作成	

るイメージがあり，そのイメージと実際の講義内容や方針とのすり合わせを積極的におこなうことが学習の妨げを解消することにつながるからです。少なからずイメージと異なることに拒否反応がある学習者もいるため，プレゼンテーションには様々な学び方があるということ，また遠隔講義だから学べる点や重点をしっかりと説明することで多少のやりづらさはあってもそれを乗り越えることができると考えます。

　個人で発表する場合のプレゼンテーションについては，発表と評価以外は個人作業になります。また，マネジメントも自分の行動や考え方を振り返ることが基本になるため相互評価を除き個人作業です。グループでの発表の場合でも，作業を分担した後は個人作業になります。つまり，いずれも個人で考え能動的に進めていく学習が主体となっています。これらは，必ずしも対面で集まる必要はなく，自宅で課題をおこなうのでも遜色ありません。

　遠隔講義の例を表12に示します。個人学習を中心とした活動においては，教師を含む他者とのインタラクションが不可欠です。学習の質を決定するポイントとして，学習内容の理解，質問への対応，フィードバックの3点について以下に説明します。1つは，学習内容の理解です。プレゼンテーションの経験があり自分でも本を読んで勉強しているような人を除いて，授業を受ける学習者のほとんどがプレゼンテーションについてよく知らないか，知っていても全体的な理解を得ていないと想定されます。このような学習者に対して個人で課題をおこなってもらうためには，プレゼンテーションとは何か，学ぶ意義やその手順などについて事細かに言語化し，丁寧に説明する必要があります。現代においては多くの子供にも自分の考えを他者に伝えることの重要性は共有されていますが，プレゼンテーション教育は正解がある教科などのいわゆる普通の授業ではないため，何を目的に，何を学んでほしいのかなど，授業そのものについても説明することが求められます。どのようなレベルの学習者にとっても，言語のみで理解できる範囲は狭いものです。そのため，動画を調べて見て学ぶ課題が効果的です。例えば，プレゼンテーションとは何かについて事細かく説明するよりは，「一流のプレゼンテーション」で検索して，いくつかプレゼンテーションの動画を見て考えをまとめる課題を通じてイメージをふくらませます。このように，個人で学習する際に調べ学習はその人の興味関心やペースで進められるため，ここが遠隔でおこなう利点とも言えます。検索して見た動画の概要と視聴した感想を書いてもらい，クラスで共有すればお互いに学び合うことができます。このように，学習者個人が自分で考えて調べ，考える課題を出し，それを全体で共有することでクラス全体の共通理解を随時確認していく方法が効果的です。

　2つ目は，質問があった場合の対応です。活動をおこなっていると大なり小なり戸惑って，スムーズにいかない部分がでてきます。対面講義であれば隣の人に聞いたり，先生から直接聞いたりすることができますが，遠隔の場合は同時にアクセスしていないとなかなか質問をしづらいのです。疑問点を放っておくとやる気がなくなってしまうこともあるため，できるだけ自力で考えてもわからない場合に気軽に尋ねることができる仕組みが求められます。対処方法としては，質問の時

表12　遠隔講義の構成：1セット（3コマ分）の流れ (中野, 2021)

時間	フェーズ	概要	使用するツール	形態
講義時間内	①自己診断	自己紹介を共有し，他者認識を高める。学習の目標，動機づけ，現状を認識する。	Moodle フォーラム	双方向型。チャットで随時質問を受け付ける
	②講義	理論，考え方，スキル，評価方法に関して知識を獲得する。	ZOOM	
	③発表と④相互評価	グループで実践し，フィードバックをもらう。スキルの訓練。	ZOOM：ブレークアウトセッション	グループワーク
講義時間内外	⑤振り返りと共有	実践から気づいたこと，学んだことをまとめ概念化する。内省，分析力を養う。他者の学習を参照することによる学習の深化	Moodle フォーラム	オンライン上で共有

間と場を設けることです。質問を送るとすぐに回答がくるようなライブでのやりとりが可能になります。学習者にとっては教師に尋ねにくいという場合もあるため，先輩の学習者や TA にお願いするのも効果的です。また，質問はチャットやメールでいったん受け付けて，回答をクラスで共有するという方法もあります。この場合は他の人の疑問点をお互いに知ることができるので，同じような質問に何度も回答する手間も省けます。

　3つ目は，フィードバックです。適切にこのまま学習を進めてよいのか，問題はないかどうか，定期的にフィードバックをすることで学習者は作業に専念し，サポートされているという安心感を抱いてもらえます。ただし，フィードバックを頻繁におこない過ぎても学習者が主体的に学習する力を削いでしまいます。そのため，授業ごとにその日の感想として気づいたこと，学んだことを書いてもらい提出してもらいます。これはあくまでも学習者の振り返りで，それを教師は読んで，特に介入が必要な場合のみクラス全体，あるいは個別にフィードバックをおこないます。このようにして学習状況のモニターとしての振り返りを毎回おこなうのに加えて，中間段階で個別にフィードバックをしっかりおこなうのが重要です。例えば7回で1セットとなるプレゼンテーションの講義の場合は，3，4回目で学習者に進捗状況についてまとめてもらい（p. 76 [19] マネジメントを考えるを参照），それに対して教師が学習者に対してコメントをおこないます。教師は提出された中間段階での振り返りだけでなく，毎回の授業で出される振り返りも参照することでその学習者が何につまずいているのか，何に興味をもっておこなっているのかを理解することができます。このように，学習者が困った時に随時個別にフィードバックすることと，時間的な区切り目で全体にフィードバックをおこなう両方が不可欠です。

[2] 学習者同士の学び合い

　対面講義では講義前後の何気ない会話や，講義中のグループワークを通じて自然に意見交換をし，疑問点を解消することができます。つまり，クラスのメンバーで情報を共有し，自分の進捗や理解の位置づけを測ることができます。一方，遠隔講義の場合は，既に知り合い同士で連絡をとっている場合を除き学習者間で相互作用が起きることはほぼありません。そのため，対面講義で学習者が自然におこなっていることが遠隔でも可能になるような工夫が求められます。

　自然なインタラクションによる学び合いのポイントは以下3点にまとめられます：①疑問の解消，②理解の確認，③学習者間のフィードバックです。1つ目の疑問の解消は，教師に質問する程ではないがこれでよいのか安心できないような些細な疑問が対象になります。プレゼンテーションは正解がないことが多く，状況によってベターな判断をしていくことになります。そのため，経験が少ない学習者にとっては判断材料が少なく自信をもてない状況に直面するでしょう。しかし，学習者自身もそれを自覚し言語化できるのは限られています。そこで，自然に話せるような環境をオンライン上でつくることが求められます。あまりに長いと話すことがなくなった場合に気まずくなってしまうため，進捗状況をお互いに発表した後に少し雑談ができるように5分〜10分程度，余分に時間を設けておくと，いきなりは疑問をお互いに伝えることが難しくても，発表するという課題を終えた後にコメントをしたり，誰かの発言によって疑問が解消されたりと自然な学び合いを作ることができます。話し終わったところから退出してよいなどとすることで，会話を強制しない工夫も重要です。

　2つ目の理解の確認については，学習内容の理解に加えてクラス全体で大きな後れを取っていないかという学習状況に関する理解です。本来であれば学習者自身が一番学習状況を知っているはずですが，学校教育の中で周囲と比較することで自分の立ち位置を計るのが習慣になっている学習者は少なくありません。そういった学習者にとっては空気を読む材料がないと不安になって学習に専

念できないということが起こりえます。遠隔講義で他の学習者の学習状況そのものを見聞きすることは難しいですが，他の学習者が何を学んで何に気づいたのかという視点は他の学習者の学習状況を知るうえで役に立ちます。例えば，講義の後に講義で学んだことや気づいたことを振り返りとして書いてもらい，それを共有するという方法があります。オンライン上の学習システムがあれば該当箇所に記入してもらい，公開できるように設定ができます。個人の課題を共有する方法や，ブログ形式でフォーラムなどの機能を用いて1つのテーマについて学習者がそれぞれ意見を書いていくという方法もあります。このように，他の学習者の学びの記述を参照できることがその他の学習者の存在を感じる材料となるだけでなく，誰かの学びに刺激を受けそれが自身の学びとなります。教師がいくつかの振り返りを紹介し，コメントするのも有効です。どのように学べばよいかについてモデルを提示し，学習プロセスを共有することができます。

　3つ目は学習者間のフィードバックです。プレゼンテーションの学習において教師からのフィードバックは不可欠ですが，学習者同士のフィードバックも多様な意見を知るうえで不可欠です。その際，学習者のフィードバックの能力，つまり，適切に評価する能力と評価される側に対する配慮も求められるため，不用意に相互評価させるとトラブルにつながり，やる気を失ってしまうこともあります。そのため，評価をおこなうのはプレゼンテーションの準備が進み，ある程度プレゼンテーションとは何かについて理解ができた段階が望ましいのです。具体的には，リハーサルでおこなうことをお勧めします。本番が直前になっているため，軽微な修正の範囲でコメントをすることと，本番がうまくいくように応援する気持ちをもって評価することが重要です。早い段階で相互評価をしてしまうと，全体が固まっていないうちにコメントをもらうことで全体を大きく変えなければならないと感じ，混乱する学習者も出てきます。交換される情報が広がり過ぎないように制限するために，評価するポイント（例えば，内容のみ，伝え方のみなど。☞ p. 28 他者評価参照）を1つに絞るのも効果的です。また，コメントは自分のプレゼンテーションをより良くするためのものとして前向きに捉えるが，取り入れるかどうかは自分で考えておくことを説明しておく必要があります。遠隔講義のよさは自然にテキストでのコミュニケーションができる点にあります。そのため，口頭で伝えるよりはいったん Word などに書いてそれを送信するという方法もあります。この場合であればじっくり読み込むことができるのと，相手に遠慮して言いたいことが言えないということを防ぐことができます。教師は学習者のフィードバックをする能力と，フィードバックを理解し，それをプレゼンテーションにつなげる能力を勘案しなければなりません。

[3] 遠隔講義における発表

　遠隔で発表するためには環境を整える必要があります。パソコンやタブレットはもちろんのこと，プレゼンテーションができるソフトを使用し，さらに通信環境がよくなければスムーズなやりとりが難しくなります。最新のバージョンを受講者がダウンロードし，適切なインターネット環境

表 13　遠隔でのプレゼンテーションの授業方法(20 人の場合)

	事例 1：ゼミ発表	事例 2：授業での発表	事例 3：ペアワーク
グループ分け	20 人×1 グループ	4 人×5 グループ	2 人×10 グループ
利点	全員が全員の発表を聞くことができる。	多様な意見を聞くことができる。所要時間のバランスがよい。発言しやすい。	じっくり話し合うことができる。
問題点	時間がかかる。聞いている人の集中力を要する。議論はほぼ不可能。	発言しづらい学習者も出てくるため司会が必要。	やりづらい相手だと替えがきかない。意見の多様性はない。
導入例	成果報告会，卒業研究発表など	プレゼンテーションの発表，相互評価(簡易版)	相互評価を丁寧に伝える，相談してアドバイスをもらう

でマイクやカメラを有するパソコンが使えるという前提になります。現時点でプレゼンテーションで使用されているアプリケーションに ZOOM と Microsoft Teams があります。ここではこの2つを使ったプレゼンテーションの講義の例を示します。アプリケーションそのものの詳細については割愛します。

　はじめにプレゼンテーションをどのようなグループ構成でおこなうかを考えます。講義でプレゼンテーションを学ぶためであれば，少人数グループで順番に全員が発表し，発表後に相互評価をするという流れになるでしょう。卒業研究などの正式なプレゼンテーションであれば，発表者が多数の聴衆（プレゼンテーションをおこなわない人が含まれる）に発表するという方法もあります。このように，聴衆が何名になるのかによってグループ分けが変わってきます。1対多数の場合は発表する部屋は1つでよいため，部屋を分ける必要はありません。受講者全員が発表する場合は，1つの部屋でおこなうと時間がかかります。例えば5分の発表を20人がおこなった場合，発表だけでも100分かかるという計算になります。もし20人のグループを2つの10人のグループに分けるのであれば50分，4つの5人グループに分けるなら25分になります。つまり，どのようにグループを分けるかは発表にどれくらい時間をかけられるか，また相互評価を発表時間の後に設けるかどうかとの兼ね合いになります。

　表13に3つの事例を示します。どの事例も利点と問題点があります。重要なことは授業のねらいに適した方法を選び，学習者になぜこのような方法をとるのかについて説明をおこなうことです。プレゼンテーション教育の手法として汎用性が高いのは事例2です。ここでは4名のグループとしていますが，5名でも3名でも趣旨は変わりません。受講者数やトラブルで遅刻する人も考慮して，基本的に4名とし，プラスマイナス1名になっても対応可能という意味で4名グループは柔軟性が高いと考えます。複数回の講義でおこなう場合は事例を組み合わせることも効果的です。最終発表を何名でおこなうかを決めて，その過程で4人グループでの発表の練習をしたり，進捗状況を報告したりする機会をとるとよいでしょう。また，詳しくお互いにアドバイスをおこなう際には2人グループもよいでしょう。オンラインだと相手の様子がわかりにくいため，ペアワークで相手が一人だと話やすいようです。しかしながら，もともと相手に配慮してアドバイスをおこなうことは学習者にとってハードルが高いことに加えて，遠隔講義ではさらに空気感がつかめないという理由でやりづらさを感じやすいです。そのため，遠隔講義では学習者同士でアドバイスを与え合うことは最小限にとどめ，Word やテキスト（.txt）にしてからそれを教師が集め全体にフィードバックするなど習熟度に応じた配慮が必要です。

3.　学習者への One Push

[7]　講義外でプレゼンテーションを学ぶ

　プレゼンテーションの学びは制度的に区切られた時間内に学ぶのは限界があります。そこで，カリキュラム外でプレゼンテーションを伸ばす活動を，部活・サークル活動，補習，コンテスト，オンライン上のコミュニティ，学びのブロック積みの5つに分けて紹介します。

　◉ 部活・サークル活動：課外活動で最もわかりやすいのはプレゼンテーションをおこなう部活やサークルを立ち上げることです。プレゼンテーションは一人では学びにくいため，関心のある人が集まり学習のコミュニティを形成し，情報収集し，意見交換することで切磋琢磨することができます。一人の学びや気づきが複数で共有されれば相乗効果でスキルや知識も増加していきます。活動内容はそれぞれが学びたいことを考えて，先生役として他の学習者に教える方法もありますし，サークル内で発表会をしてみるのもよいでしょう。学び合う仲間がいることは心強いものです。さらに時が経ち先輩や後輩など人間関係に構造が生まれれば知識が蓄積されていきます。

◎ 補習：授業中の理解や実践が難しい学習者は，特別な訓練も必要でしょう。例えば，人前で話す訓練をしたり，構成を考える訓練など，苦手意識があったり不得意な活動の部分を集中して鍛える方法があります。この訓練はサークル活動と異なり，困難を抱える学習者が対象になります。学習者同士で得意な学習者に教えてもらう形式でもよいでしょうし，教師や先輩など専門的なスキルのある人が相談に乗る方法もあります。プレゼンテーションは複雑な活動が同時におこなわれるため，対人関係の構築に不安が生じたり，基礎的なアカデミックスキル不足が問題となったりすることも考えられます。その場合は，学習者支援室のカウンセラーなどと連携してソーシャルトレーニングから始めることも必要でしょう。チームで課題を共有し，学習者のペースで課題に取り組んでいきます。

◎ コンテスト：プレゼンテーションに正解はありませんが，どのプレゼンテーションがより良かったかコンテストで競うという方法もあります。これはどちらかというと動機づけの高い学習者に向いています。コンテストをするためには，テーマを決める必要があります。多くの学習者が挑んでみようと思うテーマがよいでしょう。またコンテストをするからには審査の目的を明らかにしておく必要があります。どのプレゼンテーションもよいという前提で，「オリジナリティを競います」「説得力を競います」など，審査の重点項目はできるだけ絞った方が参加者の意欲を失わせません。また誰が審査員になるかについては，その学習者をよく知っている教師や学習者に加えて，学外などのよく知らない人にもお願いするとバランスが取れて，みんなで外の意見を聞くことができ，総評も貴重な教育の機会となります。プレゼンテーションにはそれなりの時間と労力を要するため，賞状や小さな賞品を用意すると動機づけになります。

◎ オンライン上のコミュニティ：プレゼンテーションはオンライン上でも学ぶこともできます。複数人が都合を合わせて集まることが難しい場合は Teams などを用いてオンライン上で資料を共有し，コメントを交わすことができます。ファイル共有機能を使用して，準備はオンライン上で，発表は対面で集まるなど活動によって使い分けることもできます。また発表もオンライン上でできます。遠くにいても発表を他の人に聞いてもらうこともできます。移動の手間が省け，目の前に人がいない分，話しやすいと感じる人もいるようです。プレゼンテーションの学びはオンライン・オフラインに開かれています。

◎ 学びのブロック積み：プレゼンテーションはスライドを作って発表するというのが一般的な流れになりますが，そのプロセスで求められる要素は複数あります。要素を分けて考えることでプレゼンテーションそのものの質が上げるだけでなく，学びのプロセスを理解する，つまり「学び方を学ぶ」ことができます。そこで，タヴァナー（邦訳，2020）の枠組みに沿ってプレゼンテーションに必要な学びにはどのようなものがあるか表14に整理しました。上から，「自立と持続」「根気強さ」「自分に対するマインドセット」「レディネス」「健全な発展」です。

① 「自立と持続」————————

「自立と持続」は，「自己主導性」「好奇心」「目的」です。「自己主導性」は，自分で学びを主導しているかどうかです。誰かに言われて嫌々やるのではなく，自分で学びをデザインし，必要な先生や教材を探査し発見する能動的な学びが必要になります。正解のない学びにおいては特にこの自己主導性は重要です。

「好奇心」は，自分が興味関心をひかれるものを大事にするということです。見たい，聞きたい，知りたいという欲求を学びのエネルギーにした内発的な動機づけは学びを楽しいものにしてくれるでしょう。そのためには，「自分はこれをしていて楽しいのか？」「自分は何をしている時が楽しいのか？」という自分との対話を常におこなうことが求められます。

「目的」は，その学びを何のためにするのかということです。目的のない学びと比べて，目的のある学びの方が困難な状況でもあきらめず，その意味を自分なりに理解することができます。何事もその学びは何のためにあるのか，その目的を達成することによってどのような良いことがあるかを考えるとよいでしょう。

② 「根気強さ」————————

「根気強さ」は「レジリエンス」「発動力」「粘り強さ」です。「レジリエンス」は持ちこたえる力と訳されます。困難な状況でも柔軟性を保つことが重要です。プレゼンテーションでは，人を頼ったり，課題を調整したり，判断する力や考え方を変える力が重要になってきます。

「発動力」は動き始める力です。何か調べる，図表を描く，文章を書くなどプレゼンテーションでは動いて始めることがたくさん含まれています。

「粘り強さ」は，困難な状況でも試行錯誤をしてあきらめないことです。よりよいものを作るという目的

表14　学びのブロック積み

カテゴリー	構成要素		
①自立と持続	自己主導性	好奇心	目的
②根気強さ	レジリエンス	発動力	粘り強さ
③自分に対するマインドセット	成長	自己効力感	キャリアとの関連性
④レディネス	自己認識	共感・人間関係スキル	実行機能
⑤健全な発展	つながり	ストレス管理	自己調整

に向かって途中で止めない力が必要です。

③「自分に対するマインドセット」━━━━━━

「自分に対するマインドセット」は「成長」「自己効力感」「キャリアとの関連性」です。「成長」については，自分は成長したい，成長できる，という認識をもっておくことが求められます。成長がなければ学ぶことはできないからです。ただプレゼンテーションをするというように機会を消費するのではなく，あらゆることを学んで成長に変えていく意思が重要です。

「自己効力感」は，自分でおこなうことは効力があると感じることです。自分はできないという自信のなさはプレゼンテーションの準備にも本番の発表にも大きな影響を与えます。自分はできるという自信をもつことは説得力を高めます。

「キャリアとの関連性」は，プレゼンテーションの学びを自分のキャリアと結びつけられているかということです。ただプレゼンテーションをするのではなく，卒業研究でのプレゼンテーションや就職活動，ひいては就職した後の仕事など今の学びを自分のキャリアと結びつけます。

④「レディネス」━━━━━━

「レディネス」は，「自己認識」「共感・人間関係スキル」「実行機能」です。「自己認識」は自分についてどう思うかということです。自分について自分が理解することはプレゼンテーションのあらゆる場面で必要となります。例えばテーマについて自分はその問題に対してどう考えているのか，プレゼンテーションの発表について自分は得意なのか不得意なのか，などプレゼンテーションでは自分についての認識は欠かせないものです。プレゼンテーションを通して自分について考える機会が増えるでしょう。自己認識が低いままプレゼンテーションをおこなってしまうと自分の発表であるにもかかわらず自分のものではないような不思議なプレゼンテーションになってしまいます。説得力を高めるために自分の考えや自分の思いとプレゼンテーションを統合することが欠かせません。

次に「共感・人間関係スキル」は他の人との関わり合いのなかでプレゼンテーションを学ぶ際に重要です。例えば誰かにアドバイスをしてほしい場合に，どのように要請するか，アドバイスをもらった時に自分がどう反応するか，こういったことがもらえるアドバイスの質や量を決定します。もし失礼なお願いの仕方をすれば親身にアドバイスをしてもらえないでしょうし，アドバイスに対するお礼がなければそれ以上相談に乗ろうと思う人はほとんどいないでしょう。また他の人のプレゼンテーションを見て学ぶ際に，その人の気持ちになってプレゼンテーションを理解しようとしてみたり，一緒に学ぶ者として苦労や楽しみを分かち合って共感する力も大事です。

「実行機能」は，何かを実行することです。⑴目の前の状況を把握して認知する力，⑵順序立てて考えをまとめる力，⑶衝動的に反応して行動せずに熟考する力，⑷現在の状況と過去の記憶を照らし合わせて判断する力，⑸実行に移る前に順序立てる力に分けられます。

⑤「健全な発展」━━━━━━

「健全な発展」は「つながり」「ストレス管理」「自己調整」です。「つながり」は，先生やクラスメートの人の輪の中でつながりを感じることです。人は一人で学べることは限られています。プレゼンテーションでは聴衆との対話が重要なので，準備段階から多様な人たちとのつながりが必要になります。一人で学んでいる場合でも，聴衆の反応を想像するなど，誰かとつながっていることを思い出すことが大事です。

「ストレス管理」は，新しいことを学ぶ際にストレスはつきものです。例えば人前で発表するのがストレスな人はプレゼンテーションの勉強をしたくなくなるかもしれません。しかしそれを乗り越えて，まず一人で発表の練習をしたり，友達の前で練習をするなどし，ストレスを和らげることができます。プレゼン

テーションには聴衆がいるためどのような人でもストレスを感じる場面があるでしょう。その時に適切に自分の状況を把握し，問題に応じて対処するスキルが大事です。これらは様々な学習に共通する部分です。

「自己調整」は課題の難易度を自分で適切に把握し必要であれば課題を分けたり誰かに聞いたりし，自分で課題遂行に対し物事を調整します。課題は自分で選べないこともありますが，その場合はできるだけ自分がやりやすい形に引き寄せて調整することが大事です。

[8] プレゼンテーションの学びを応用する

勉強は暗記をすることで知識を増やしたり，ものの見方が変わっていくような方法もあります。他方，自分の身体を使って何かを体得したり，多様な聴衆に理解をしてもらうことが学習の成果になる場合は別の学び方が必要です。何かを学ぶときにこれは他のことに応用できないかどうかいつも考えるようにしましょう。学び方の共通点と相違点を考えてみると上手に効率よく学ぶだけでなく学ぶ力も向上します。プレゼンテーションが上手になるためには，プレゼンテーションのために学習するだけでは不十分です。他のことをしている時にプレゼンテーションにも役立つことを発見するのです。日常すべてがプレゼンテーションにつながっていると考えます。例えば，ある場面で自分が何をしているときに楽しいのかを知ることができれば，他の場面でもきっとこれは楽しいだろうと予測がつきます。友達と話している時に，こういう人もいるという意見の多様性を理解することがプレゼンテーションの聴衆分析に役立ちます。他の講義で新しいことを学んだら，その先生の教え方や，情報の順番など，自分が発表者として伝える際に聞き手として感じたことが役立つでしょう。プレゼンテーションのために調べるのではなく，常日頃から広くアンテナを立てて，自分の興味関心を広げ，掘り下げておくことも分析力につながります。

プレゼンテーションで身につけた学び方を他の状況でも積極的に応用してみましょう。他の状況で学んだことが役に立つか，使えるかどうかを自分で試すことで，プレゼンテーションを学ぶ際によりよい学び方を発見できます。例えば，部活で後輩に指導をするなど人に説明しなければならない場面を考えてみます。PowerPoint の使用如何にかかわらず，人にわかりやすく自分の考えを伝えるという点では共通しています。その説明のねらい，聴衆，扱う知識や情報，論理構成の考え方がそのまま使えるでしょう。そして「こういう場合のプレゼンテーションはこのような感じ」という経験が増えていきます。このように自分の経験から得られた知見はその他のプレゼンテーションにも活きます。声の使い方，聴衆の反応，自分の気持ちなど，状況によって変わることもありますが，状況が変わっても自分が大切にしたい部分について変わらないところも発見することができます。

[9]「もっと学びたい」を叶える

プレゼンテーションを一通り学び実践をするとさらに学びたいことが出てきます。プレゼンテーションは1～2回の実践で完成することは不可能で，学べば学ぶほど足りないところが見えてきてその深さを知ります。また自分自身の成長やキャリアと連動して，期待されるプレゼンテーションが変われば学ぶべきプレゼンテーションも変わります。プレゼンテーションの学びを途切れさせないように不断のものとし，学習者は自らモチベーションを維持しさらなるパワーアップを目指すことが大事です。また教師は学習者に点った学びの灯を消さないようにサポートしましょう。

プレゼンテーションは自分で学ぶことが可能です。本を読んでテクニックを身につけたり，一流のプレゼンテーションを見て学んだりすることができます。この本を参考にプレゼンテーションを学んだ学習者なら自分で何が必要かを分析し，目標を立て，実践することができるでしょう（☞ p. 32「先達を見つける」p. 33「教材を見つける」参照）。重要なことは，プレゼンテーションを学ぶ空間を制限しないということです。プレゼンテーションのヒントは日常に広がっています。何気ないコミュニケーションもプレゼンテーションのテーマ探しや，聴衆の考えの多様性や自分の伝え方のヒントを得る機会になります。プレゼンテーションの実践（＝アウトプット）を想定して情報収集し，コミュニケーションをとっていく（＝インプット）日常の習慣が重要です。

このようにプレゼンテーションは独学で学ぶことができますが，高い水準でモチベーションを一人で維持するのは難しいことです。そのためには，興味を同じくしてプレゼンテーションを学びたい，上手になりたいという仲間を見つけることをお勧めします。同年代の仲間なら境遇が似ているので刺激を受けるでしょうし，年代が異なる人と学ぶのも異なる価値観に触れる機会になり学びが広がります。[7] 講義外で

プレゼンを学ぶ（p. 49）で述べたように，学校や大学に通っている人ならば，授業が一緒だった人に声をかけてみたり，サークルを立ち上げたりするのもよいでしょう。オンライン上では自分で学んだことを他のメンバーに公開し，共有することでモチベーションを維持したり，実際にスライドを作成してコメントをもらったりすることもできます。対面であれオンラインであれ，興味関心が近い人に聞いてもらえると質の高いリハーサルになるでしょう。

　このように，ベースは個人学習ですが，その学びのプロセスを他者と共有すること，その過程で教え合うことで，一人で学ぶよりはるかに広く深い知識を得ることができます。インターネット上の情報をすぐに共有できると動画を見て感想を伝え合ったりすることも楽しいですね。このように，仲間と学び合う場を見つけ参加することも発展的な学びにつながります。

第5章
プレゼンテーション教育の学習環境 【Environment】

1. 学びの構造

[1] プレゼンテーションが完成するまでのプロセス

　プレゼンテーションは完成に向けて準備をする，そして発表するという2つの段階で捉えられがちですが，準備を詳細に見ると，個人かグループでの発表かにかかわらず，主張の説得力を高め機能させるまでに4つの段階があります。図19にプレゼンテーションの準備における4つの期を示します。これは心理学者のタックマン（Tuckman, 1965）が組織が固まり，機能するまでには4つの期（形成期，混乱期，統一期，機能期）があると述べた内容と一致します。

形成期
　プレゼンテーションの条件に沿って計画を立て，プレゼンテーションの骨格を形成する段階です。情報を収集し，自分が話したいテーマを決め大まかな構成を形づくります。緊張感をもちつつ，はじめはプレゼンテーションを楽しみにして，これを言いたいこれを使いたいという期待を膨らませている人も多いでしょう。

混乱期
　プレゼンテーションの準備を始め，作業に入ると混乱が生じます。情報が多過ぎて情報間に矛盾が生じたり，必要な情報がなかったり，話したいことがわからなくなったり，自分が言いたいことと構成が釣り合わなかったりなどです。いずれも形成期の段階では予想しなかったことが起こり，うまくいかないことや理想と現実のギャップに直面し不安や不満がたまる時期でもあります。

統一期
　混乱期の問題に目をそらさずに時間をかけて1つ1つの情報を見直したり，必要であれば調べなおしたりテーマを変えたり，いらない物を減らし必要なものに焦点を当てる過程でプレゼンテーションが統一されていきます。最初に言いたかったことと本当に言いたかったことが違うこともあります。作業の過程で生じた問題に根気強く取り組むことで自分が言いたいことが明らかになりプレゼンテーションがまとまってきます。

機能期
　プレゼンテーションが統一されたら，自分の考えをわかりやすく相手に伝えるという点において準備したものが効果的に機能するかどうか考えます。例えばあるグラフはプレゼンテーションのスライドに含めていたけれども，それがあることで聴衆の理解が妨げられるのではないか，またこの

図19　プレゼンテーションの準備における4つの期

部分は色を変えると強調されてわかりやすくなるのではないか，などといった見直しが起こります。プレゼンテーションは自分の日記ではなく誰かに聞いて理解してもらうためにあります。いったんまとまったら本来の目的に沿ったものができているかを確認することで，それぞれの情報やスライドが自分の伝えたいことが十分に伝わるように最大限機能するようにします。

　上記に述べた4つの期を意識することにより，プレゼンテーションの準備で今どのような状況なのか，何をすべきかが明らかになります。特に，混乱期にあきらめず，機能期に向けて洗練するプロセスはプレゼンテーションの説得力を高めるうえで重要です。時間に余裕をもって取り掛かりましょう。準備が終わったら，限られた時間で最大限の力を発揮できるように発表に向けて準備をおこない，発表後に振り返りをして次の機会に経験を活かします。

[2]　2種類の情報収集行動

　プレゼンテーションでは情報収集が欠かせません。限られた時間でどのように情報を収集し，取捨選択するかはプレゼンテーションの質を決めるうえで重要な要素です。情報収集というと，まずインターネットでキーワードを入れて検索する人が多いかもしれません。何をどう情報収集するかは人によって癖があるようです。大学生を対象にプレゼンテーションのための情報収集行動に関して研究をおこなったところ，わからないことがあった時に積極的に情報を収集する傾向と，より深く掘り下げる方向性の2つ「検索主体性群」「情報精査志向群」が特定されました（中野，2019）。この知見は，知的好奇心が未知のことを新しく発見していく拡散的好奇心と，論理の矛盾の解消を通して考えを深めていく特殊的好奇心に分けられるのと一致します（西川・雨宮，2015）。プレゼンテーションにおいてはどちらも重要ですが，2種類の特徴を知り意識的に情報を扱うことが求められます。

　新しい情報を幅広く求めていく検索主体性群に関連する行動は，「講義中に知らない言葉が出てきた時に自分で調べる」「わからない問題に直面した時，あらゆる手段を用いて解決しようと粘る」でした。検索主体性群は，「普段から情報収集の習慣があるか」と負の関係が，過去の意見文作成経験と正の関係が，「情報通信機器を議論のために利用している」と正の関係が明らかになりました。習慣的に情報収集するかどうかは関係がない一方で，過去に情報をまとめて意見を構築した経験と議論の経験，つまり目的をもって情報を使うことと関係があることがわかります。意見文作成の経験は，何をどのように調べていくかの一連のプロセスを理解しているため，他の場面で学習プロセスが転移されやすいものと考えられます。また，議論を通して自分が知らないことが明らかになり，根拠を探るための情報収集が動機づけられると考えられます。

　次に，情報の関連づけや掘り下げに関する情報精査志向群に関連する行動は，「物事を調べるとき，情報の出どころに注意する」「物事を調べるとき，反対意見や反論についても調べる」でした。情報精査志向群は「普段から新聞を読もうと思う」という項目と正の関係が，また「情報通信機器を閲覧のために利用している」という回答と負の関係があることがわかりました。この結果より，新聞を読むことに対する動機づけは情報を精査することに対する動機づけと近いことがわかります。一方，情報通信機器を閲覧のために利用する場合は，目的を持たずに情報に触れる場合も含まれることから，情報を精査する方向性とは異なることが明らかとなりました。情報精査志向を育むためには，ただ情報を集めるのではなく，特定の領域に絞って情報を収集し，他者に伝えるという目的下において必要な情報を吟味し，関連づけ，時間をかけて多面的に考えを深めることが重要です。

　これらの結果より幅広く情報に触れて知識を増やしていくことと，プレゼンテーションのように自分の知りたいテーマについて主体的に調べて考えを深めていくことは方向性が異なることがわかります。そのため，プレゼンテーションではやみくもに情報を収集するのではなく，「広げる」「深

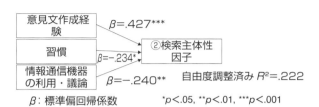

β：標準偏回帰係数　　　*p<.05, **p<.01, ***p<.001

図20　重回帰分析結果（中野，2019）

める」という2つの異なる情報収集があり両者を意識しておこなうこと，また，学習者が自ら知りたいテーマについて多様な情報を収集しながら理解を広げ，他者との議論を通じて理解を深められるような学習の機会が重要です。

[3] 経験学習

　プレゼンテーションは言語，視覚，身体を総合的に用いた実践です。家でプレゼンテーションの本を読んでいるだけでは上手になりません。とりあえず体験してから上手になっていくという道筋はプレゼンテーションの学習でも重要です。自分が期限内にどのようなプレゼンテーションを準備し，本番発表できるのかはやってみなければわかりません。またプレゼンテーションには聴衆がいるため，その場にいる聴衆がどのような反応をするかは想定できないからです。したがって，プレゼンテーションは理論も実践もどちらも重要で，ある程度準備したところで実践をおこない，経験から上達のヒントを見つけるというのが学びのポイントとなります。プレゼンテーションのスキルを上達させるためには経験が欠かせません。

　大学生という青年期後期の発達上の課題は多様な経験を通して自己・他者・世界観を広げていくことです。プレゼンテーションは大学生がこのような発達的課題に取り組むのに適しています。まず高校までは自分と近い人たちと一緒に学んできましたが，大学にはそれより多様性が生まれ，様々な興味関心やバックグラウンドをもっている人たちが集まっています。そのような多様な他者とともに経験を積み重ねるなかで，実践を通して自分とは何か，他者とは何か，社会とは何なのかについて深く考え，社会に出る準備を進めることができます。このようなことは頭で理解するというより，実際の体験から理解することの方が多いものです。

　パフォーマンスが伴うプレゼンテーションの学びを深めていくためには，1回の発表の出来，不出来ではなく，試行錯誤のプロセスを意識することが欠かせません。このような考え方はD. コルブとK. ピーターソン（2018）の経験学習が参考になります。経験学習とは，自分の経験から学びを得ることです。プレゼンテーションを学びながら，その経験から意味，目的や方向性を見出し，それらをいかに次に活かすか，その方法を学ぶことができます。私たちは日常で人と話す際に自分がどのように何を話し，相手はどのような反応をしているか頭を働かせて注意深く観察していません。だからこそ，プレゼンテーションの学習の過程ひとつひとつに意識を向け，自分の学び方を客観視することが日常のコミュニケーションにおいても活かされていきます。経験学習のサイクルは，「具体的な経験」から始まり，「抽象的な思考」で経験の意味について問うなかで「内省的検討」をし，最終的に「積極的な行動」に出る決定をします（☞ p. 22 並行反復学習法を参照）。こ

のサイクルを意識して回すためには，問題に直面したときに，静かに検討する態度と積極的に行動に出る態度，その両方が重要です。そのためには，自分は「経験から学んで成長できる」ということを信じる必要があります。これは自己肯定感とも関連しています。自分の思い込みを手放し，経験をもとに自らの学びを見つめなおすことは，自信過剰になって独断的になるといった学びの阻害要因を減らす効果があります。学び方はそのまま生き方を表します。

　経験学習のサイクルに入るためには，「学習者というアイデンティティを受け入れる」「学び方を学ぶ」「自分の学びのスタイルを発見する」がステップとなります。学習者であれば批判を受け入れ真摯に学び続けることになります。教える人も教える立場で固定するのではなく，教えることを学習している人として自分を認識しましょう。そして，学び方のサイクルを理解します。経験学習には，経験，検討，思考，行動という4つのベースがあります。検討と行動は，経験と思考から新しい学びを生みます。すべてを一連のサイクルとして関連づけましょう。そして，自分なりのスタイルを発見します。

[4] プレゼンテーションの学習範囲

　プレゼンテーションはプレゼンテーションの力だけを伸ばすのではありません。本項では，A：知識・理解，B：専門的技能，C：汎用的技能，D：態度・志向性，の4つに分けてプレゼンテーション教育を捉えてみます。表15に4要素を「十分満足できる」から「相当の努力を要する」の4段階に分類したルーブリックを示します。A：知識・理解は，プレゼンテーション教育に関する知識・理解です。プレゼンテーションのプロセスを理解し，実践から発見された改善策を実行できることが求められます。B：専門的技能は，プレゼンテーションの一連の活動に必要な専門的技能のことを指します。自分の興味あるテーマを掘り下げ，効果的に構成を組み立て，プレゼンテーションを作成することができる，聴衆からの質問に論理的に回答できる，他者が作成したプレゼンテーションに対して，批判的な思考をもってコメントできることが含まれます。C：汎用的技能は，プレゼンテーションにとどまらず汎用的に用いられる技能のことを指します。他者との議論を通して考えを深めることができる，主体的に課題を遂行することができる，与えられたテーマを実現するうえでの問題点を洗い出すことができる，学習内容を自らの将来設計と結びつけられることが含まれます。D：態度・志向性は，プレゼンテーションの学習に対する態度や志向性を指します。プレゼンテーションにおける多様な価値観・考えを寛容できることが求められます。

　中野（2018）では，「プレゼンテーション基礎」の受講者に表15を印刷して講義の前後で3分程

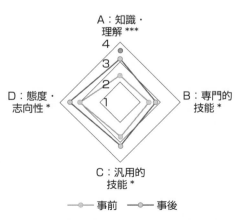

図21　ルーブックの変化：プレゼンテーション基礎
*$p<.05$，***$p<.001$

表 15「プレゼンテーション基礎」のルーブリック

観点：水準	(4)十分満足できる	(3)満足できる	(2)やや努力を要する	(1)相当の努力を要する
A：知識・理解	プレゼンテーション作成のプロセスを理解し，実践から発見された改善策を実行することができる。	プレゼンテーション作成のプロセスを理解し，実践から改善点を発見することができる。	プレゼンテーション作成のプロセスを理解している。	プレゼンテーション作成のプロセスを部分的に理解している。
B：専門的技能	自分の興味ある テーマを掘り下げ，効果的に構成を組み立て，プレゼンテーションを作成することができる。聴衆からの質問に論理的に回答できる。他者が作成したプレゼンテーションに対して，批判的な思考をもってコメントできる。	自分の興味ある テーマについて構成を組み立て，プレゼンテーションを作成することができる。聴衆からの質問に回答できる。他者が作成したプレゼンテーションに対してコメントできる。	与えられたテーマについてプレゼンテーションを作成することができる。聴衆からの質問に部分的に回答できる。他者が作成したプレゼンテーションについて疑問点を指摘できる。	与えられたテーマについてプレゼンテーションを作成することができる。聴衆が作成したプレゼンテーションおよび他者からの質問を理解できる。
C：汎用的技能	他者との議論を通して考えを深めることができる。主体的に課題を遂行することができる。与えられたテーマを実現するうえでの問題点を洗い出すことができる。学習内容を自らの将来設計と結びつけることができる。	他者との議論を通して考えを広げることができる。主体的に課題を遂行することができる。与えられたテーマを実現するうえでの問題点を考えることができる。	他者との議論に参加できる。主体的に課題を遂行することができる。与えられたテーマを実現するうえでの課題を他者と考えることができる。	自分の意見を相手に伝えることができる。課題を遂行することができる。
D：態度・志向性	多様な価値観・考えを寛容できる。	多様な価値観・考えを認めることができる。	相手の価値観・考えを理解することができる。	自分の価値観・考えを相手に伝えることができる。

度で回答してもらいました（$N=22$）。プレゼンテーション基礎のルーブリックの事前事後の結果を図 21 に示します。ルーブリックの事前評価と事後評価の間に関係があるかについて t 検定をおこなったところ，4 項目すべて 5% 水準で有意でした。最も伸びが大きかったのは A: 知識・理解でした。講義と実践を通してプレゼンテーションを学ぶことはどういうことかについて知識・理解を得た学習者が多かったことがわかります。プレゼンテーションはプレゼンテーションの発表だけを学ぶことに留まらないため，ルーブリックを用いてあらかじめ学習がねらいとする範囲を学習者と共有し，事前事後で測定しておくことが役に立ちます。

[5] 安心安全な場づくり

　プレゼンテーションをはじめとした学習者同士のコミュニケーションを伴う学習では，学習の場が安心安全でなければなりません。その場が安心安全でなければ，学習者が生き生きとプレゼンテーションを学ぶことができないからです。「こんなことを言ったら馬鹿にされるかもしれない」「比べられて嫌な思いをするかもしれない」と思いながらプレゼンテーションを準備し本番を迎えるのは酷なことです。創発型のプレゼンテーションは自己を他者や状況に開く必要があります。学びの場に対する不安があるとプレゼンテーションに専念することができません。

　プレゼンテーションに対して抱くイメージは驚くほど学習者によって様々です。例えば，みんな

が大笑いするという大きな反応によってプレゼンテーションの良し悪しが決まると考えている人も
いれば，聞いている人全員が説得され，絶賛されるのが良いプレゼンテーションだと考える人もい
ます。このような場合は，一部のプレゼンテーションを見てイメージを形成していることが多く，
プレゼンテーションの成果を聴衆の反応で判断するものと考えている人が多いようです。

　プレゼンテーションは上手な学習者もいればそうでない学習者もいます。特にプレゼンテーショ
ンが苦手な学習者は，これまでの経験で嫌なことがあったという可能性もあります。苦手な学習者
にとっては「今学ぼうとしている状況は過去の嫌な状況とは違うのだ」ということが，得意な学習
者にとっては「もっと上手になりたい」と思わせることが求められます。そして，学習者にとって
最も不安なことは評価されることでしょう。このようなプレゼンテーションをしたら悪い点数に
なってしまうという評価への懸念がモチベーションを下げて，楽しみを深く掘り下げることを阻害
します。このような不安を解消するために，いくつかのことをクラス全体で共有しておく必要があ
ります。どうすれば安心安全の場づくりができるのでしょうか。筆者が実践で気をつけてきたこと
を以下に挙げます。

　①失敗してもいい
　誰しも失敗するものなので，失敗を活かして次の段階にいくことを学ぶ場とします。プレゼンテー
ションに失敗ということはなく，それもまたいい勉強になります。うまくいかなかったとしても落ち
込み過ぎず次に反省を活かすための学び方を学ぶ場でもあります。また誰かが失敗してもその失敗を
自分のこととして受け止めて，自分だったらどうすれば良かったか一緒に考えます。

　②優劣はない
　教育の場ではプレゼンテーションに優劣はなく，その人らしいプレゼンテーションが最も良いとい
う価値観です。その人らしいというのはプレゼンテーションを通してその人のこだわりや熱意などそ
の人からしか聞けない話が含まれているということです。みんなで上手になるために経験を積んで学
習する場で，上手な人も苦手な人も自己ベストを目指します。

　③本番より準備が大事
　何事もプロセスを軽視し，結果だけ求めることはできません。丁寧な準備を大事にします。準備段
階で自分や他者と向き合っていれば，質疑応答であわてることも少なくなります。

　④みんなで学び合う
　プレゼンテーションにおいては教師も学習者もフラットな関係です。お互いにわからないことを聞
き合って，他者の視点を交換することが醍醐味です。

　⑤自己と対峙する
　プレゼンテーションは他者に向けてしているようで，その本質は自己との対話です。自分はどのよ
うな人間なのか，深く自分について見つめることが重要です。

　⑥得意なところをもっと伸ばし，苦手なところを少しましにする
　すべてをよくすることはできませんし，労力が報われません。それよりも得意なところに集中する
ことの方が重要です。そのため，相互評価する際にも相手が自分で気づいていない良いところを探し
てあげましょう。

　⑦言われて嫌なことは言わない
　みんなが一緒に学ぶ場ではお互いにコメントし合う場面もあります。その際に自分がもらって嫌な
コメントや質問はしないというルールが大事です。自分だったらどういう風に言われたら嫌か，ある
いは嬉しいかを考えてコミュニケーションをしましょう。

　⑧ほめてから改善点を伝える
　誰かにコメントをするときには，まず努力をねぎらい，良かった点をほめてから，改善点を伝える
という伝え方のマナーも必要です。順番によって受け手の印象は大きく変わります。

　これらのことは，授業のイントロダクションで説明した後に，繰り返し「プレゼンテーション教

育の価値観」として伝えることが重要です。そうしなければきれいごとで終わってしまうからです。教師はもちろんのこと学習者みんなで価値を共有し，行動することが学習コミュニティの形成に不可欠です。ルールをまとめたスライドを毎回の授業で見せて理解の確認をするとよいでしょう。もしルールを守れない学習者がいた場合は個別に話を聞き，その行動がどのように不適切かを説明します。問題行動が見られる場合，不安や恐れがある場合も少なくありません。その場合はその学習者が興味のあるテーマを選べるように個別にコーチングしたりするなど学習のサポートも必要です。指針を示して自分で創り出せる学習者とそうでない学習者がいます。後者の場合は自分で課題を進めていけるように，テンプレートや見本を用意し，わからなくなったらまねをしてもよいという指示にするのも有効です。いずれにせよ，その学習者が難し過ぎず，でも挑戦したいと思えるように，まずは確実な見通しと，自由度と選択肢，そして適切なサポートが求められます。

[6] 振り返りの共有がコミュニティを作る

　プレゼンテーションは本番の発表が主に捉えられがちですが，振り返りこそがプレゼンテーションの学びの宝庫です。パフォーマンスをむやみに繰り返すだけでは，スキルを継続的に上達させることは難しいのです。多様な視点から良かった点や改善点をじっくり考えて自分の思考や表現について振り返ることが学習の質を向上させます。しかしながら経験の浅い学習者は振り返りの重要性に気づきにくいものです。振り返りをプレゼンテーション教育に取り入れる際には，振り返りがなぜ重要なのかを説明する必要があります。スポーツや芸事などの経験がある学習者なら，試合後のミーティングなど思い当たることが多いでしょう。このようにプレゼンテーションは身体活動を伴う学習であり，身体で動かし方と考え方を統合するために振り返りなしでの学習は考えられません。まずは実践してみて，やってみたことを教材に次の目標設定をおこなうことが重要です。（参考［57］振り返り p. 118）

　振り返りでは学習者が一人で記憶を呼び起こし，その時の体験や感情と学習を結び付ける作業は簡単ではありません。慣れるまでは「気づいたこと・学んだことは何ですか？」という気楽に回答できる質問を設定すると効果的です。この質問に回答するのは簡単ですが，そこから出てくる回答には重要な学習のヒントが凝縮されています。例えば，「声が小さいことに気づいた。今度からもう少し大きくしようと思った」という回答であれば，自分のパフォーマンスのうち声の大きさに着目したことがわかります。「なぜ声の大きさに着目したか」を尋ねてみると，「自分では声は大きい方だと思っていた」とプレゼンテーションをおこなう前に抱いていた素朴な認識が浮かび上がることもあります。このように，プレゼンテーションを思い出したときに，「何に着目するか」であり，「なぜ着目したか」を振り返りで意識することが成長のポイントになります。ペアでお互いにインタビューをして，自分でも気づきにくい学びを引き出すことも効果的です。

　個人での振り返りの後に，クラス全体で共有するとさらに効果的です。個人が思い出すことは限られているため，それを持ち寄ることによって「確かにそうだな」と他者との振り返りが自分の振り返りになり，他者の経験を自分の経験の1つにすることができます。対面講義であれば黒板に書いてもらい，遠隔講義ではフォーラムなどを通じて振り返りを共有することができます。学習者は自分の学びに加えて他者の振り返りを通じて他者の学びにも参与することで，個人が経験できる範囲をはるかに超えた学びを得ることができます。これがプレゼンテーション教育の醍醐味とも言え

準備：前半　→　中間の振り返り　→　準備：後半　→　発表　→　事後の振り返り

図22　プレゼンテーションにおける振り返りのタイミング

ます。

[7] 好奇心主導の学び

　プレゼンテーションという他者に何かを伝えるという行為においては自分の内側に学びたいことの種を見つけることが大事です。好奇心には，何か新しいことを知ろうとする好奇心と，情報の矛盾に気づいて深めようとする2種類の好奇心があります（波多野・稲垣，1973；西川・雨宮，2015）。プレゼンテーションに置き換えてみると新しい知識や情報を調べて，スライドの作成方法や構成を学ぶのが前者とすれば，調べた情報の中で矛盾点を探したり，よりよい方法がないか自分の考えを深めていくのが後者になるでしょう。この2つの好奇心はどちらも重要です。広げるだけでもダメですし深めるだけでも視点が狭くなって偏りが出てくることもあります。大事なことは「自分が何を学びたいのか」という問いを常に問いかけるということです。その自分の内側にある好奇心の種をきっかけにして自分の学習を形作っていきます。そうするともっと知りたい，もっと伝えたいというやる気につながっていきます。

　プレゼンテーションについてとりあえず情報を集めて，やみくもに発表することはお勧めできません。先生もたくさんの情報や知識を与えることをやめましょう。プレゼンテーション教育そのものが活動です。学習者の活動を大きく越える情報はノイズになります。情報や知識が少し足りない状況が，学習者に自分が何を欲しているのか学びたいことは何かを明確にさせ，そのうえで教えてもらいたいと気づかせ，困難な場面に遭遇した時にアドバイスや教示を与えます。そのため実践を中心に授業時間に応じて組立て，その時々に必要な情報や知識は自ら質問する形で求めるようにすることも1つの方法です。学習者が自らが何かを心から知りたいと思い，答えを見つけようとし他者に働きかけて答えを得るというプロセスが貴重です。このような好奇心主導の知識は記憶に残りやすく，結果としてプレゼンテーション全体の成果を上げることにつながります。好奇心を育てるためには，既に興味がある領域にこだわらないことが大事です。これまでまったく興味をもたず，関心を向けたことがない領域でも，興味関心を自ら引き出すことは可能です。例えば知識や情報のずれに着目すると，そこになぜだろうという興味が湧いてきます。自分の興味関心にこだわることなくこれまで興味がなかった領域について，どうすれば自分が興味を持てるのか自分と向き合うことが大事です。このようなきっかけやヒントは他者との対話の中にあるでしょう。同じテーマでも他者との着眼点の違いからアイディアを発展させることができます。学習者はオンラインで様々な情報に触れるという経験を積んでいるため，プレゼンテーションに関しては，教師よりもより良いソフトややり方を知っていることは少なくありません。この分野において教師は必要最低限のことを伝えるのに徹し学習環境を整えることに集中し，以後は学習者個人に任せ，手を動かさせ，必要な時まで見守るという態度が求められます。学習者の好奇心主導の学びを応援するために教師はむやみに手を貸さない勇気が必要です。

2. プレゼンテーションへの内発的な動機づけ

　自分との向き合い方はプレゼンテーションをどのような経緯で準備することになったか，その始まりによって変わってきます。自主的にプレゼンテーションをおこなう機会を作る人は動機づけの高い人です。その場合は，自分の気持ちや将来の自分に対して積極的に向き合い行動をしていると言えます。このような学習者は内発的に動機づけられているため，学習したいことや目標を定めて一人で学習できるでしょう。他方，授業で教師から課されるなど，卒業・単位取得・就職などのためにプレゼンテーションをやらされることになったという場合もあります。このような学習者は，

外発的に動機づけられプレゼンテーションの準備を始めることになりますが，そのまま「成績のため」「先生にほめられるため」にしぶしぶ学んでいくのではもったいなことです。人から言われてプレゼンテーションをすることになった場合は1つ重要なポイントがあります。実際はどうであれ，その気持ちのまま発表をすると聴衆はがっかりするということです。プレゼンテーションは発表者が伝えたいことを聞くというように発表者に責任が生じます。そして聴衆は発表者の話を聞くのを楽しみにしています。しかし，発表者が嫌々やらされているようでは「あなたが発表者でしょう？」というように発表者の人格的な部分においてクエスチョンマークが付いてしまいます。したがって，人に話を聞いてもらうからには自分なりの目標や伝えたいことを探し，発表者としてのアイデンティティを形成する必要があります。プレゼンテーションには自己，他者，世界観を広げる貴重な学習が含まれています。何より，発表者自身が楽しくなければ聴衆が楽しいわけはありません。初めは外発的だったとしても，その途中に自分がやってみたい，調べてみたい，発表したい，という内発的な動機づけに変わるように支援する工夫が教師には求められます。

　内発的な動機づけを高める工夫の例として，テーマ設定を挙げてみましょう。例えばクリーンエネルギーについて理解してもらいたいというねらいで，教師は「クリーンエネルギーというテーマでプレゼンテーションをする」という課題を設定するとします。そうすると，学習者の反応としては「よし，得意分野！これについて発表しよう」とすぐに見通しを立てる学習者もいれば，「クリーンエネルギーかあ。クリーンエネルギーって何だっけ？」とテーマを理解するところからはじまる学習者もいます。そこで，クリーンエネルギーと一言にいっても様々な種類があること，そして各国の取り組みとして重点的におこなわれている方法も異なることなど，全体像がつかめるよう定義や現状を教師が説明します。そのうえで，パソコンやスマートフォンを用いてキーワードを検索してもらい調べる時間（＝自分の興味関心を探索する時間）を取ります。やりたいことがはっきりしないという状況は知識や情報不足のことが多いからです。ある程度，知識がある学習者であれば15分程度，まったく知識がない場合でも30分程度でいったん区切るのが好ましいようです。「ちょっといいかな」と思う気持ちを手掛かりに，より深く調べていきます。その際，個別のテーマが重なると競争になったり，あるいは独自性が出にくくなったりするため，できるだけ重ならないよう早い者勝ちでテーマを決めるのも有効です。あらかじめ，太陽光発電などは人気があって重なりやすいので，他の人が選びにくいもの，あるいは重なってもよいように複数のテーマを選んでおくように伝えます。もし重なってしまいそれでもよいと学習者が了承する場合は，聴衆の目線から似たような発表にならないようにお互いに準備段階から内容を共有し，アプローチや視点が異なる発表になるように工夫してもらいます。このように時間で区切りながら興味関心のある領域を暫定的に決定していくことが重要です。「これが私の興味関心のあるテーマです」と自信をもって言い切れる学習者は十分に準備できた学習者だけだからです。時間で区切りつつも，後から考えて変えたくなったら変更できる期間を設けます。ただし，その期間を過ぎたら，発表の準備に支障が出てくるため，自分がいったん決定したことを信じて完成させる経験を積んでもらうことにします。このように抽象的なテーマを与えるが，その中から自分で選ぶというのはプレゼンテーションに主体的に取り組むうえで効果的です。始まりは外発的であったとしても自分でやりたいもの，あるいはやりたくないものを選べるというのが内発的な動機づけには必要不可欠です。

3. 学習者への One Push

[10] 学習スタイルと大失敗しないためのポイント

　コルブとピーターソン（2018）の枠組みを用いて以下にプレゼンテーションに必要な9つの学習スタイ

ルを挙げます。私たちは普段このうち1つか2つの学習スタイルを重点的に使いがちですが，状況に応じて柔軟に学習スタイルを変化させる必要が出てきます。プレゼンテーションをすることになったら今の学習スタイルを自覚するとともに，他の学習スタイルについて意識してみましょう。プレゼンテーションは他の学習スタイルの存在を意識し，他者の学習スタイルから学ぶなど，学び方＝生き方を学ぶチャンスに溢れています。

1. 経験：自らプレゼンテーションの機会に積極的に参加し，人間関係を構築し，フィードバックを得る。
2. 想像：プレゼンテーションのアイディアを生み出し，他者に意見を求め，想像する。
3. 検討：どのようなプレゼンテーションがよいか情報や構成について幅広い視点からものごとを見る。
4. 分析：プレゼンテーションを組み立てるために事前に計画を立て，データを整理し，全体像を理解する。
5. 思考：データを使って解決策を分析し，議論を論理的に組み立て，冷静に判断する。
6. 決定：現実的な問題解決策を見つけ，目標に注力し，自分の立場を明確にする。
7. 行動：期限を守り，自分が考えるプレゼンテーションを達成できる方法を探し，計画を実行する。
8. 開始：状況の変化を柔軟に受け入れ，失敗を受け入れながらチャンスを活かして前進する。
9. バランス：全体の状況を見て，盲点を見つけ出し，優先順位の変更に対応できる。

　自分がどのスタイルが得意か，あるいは不得意かについて分析してみましょう。自己診断ができたら，今よく使っているスタイルのメリットを書き出してみましょう。そしてこれからさらに学びを広げるためにどのスタイルが使えそうか，また使うとどのような利点がありそうか考えてみましょう。自分が快適／不快と感じるスタイルとその根拠を知ることが学びの柔軟性を高めるためには重要です。プレゼンテーションをいつどのような状況でおこなうかによって求められるスタイルは変わっていきます。大学の新入生として，先輩として，大学院生として，そして卒業後も立場や状況の変化は続きます。このような様々な学びの機会を最大限に活用するためには，プレゼンテーションを通じた学習スタイルの理解が役立ちます。

大失敗をしないためのポイント　━━━━━━━━━

　プレゼンテーションの準備において，大失敗を防いで経験を効果的に積むためのポイントは3つあります。1つ目は全体的な構成，2つ目は伝え方，3つ目はオリジナリティです。まず1つ目の全体的な構成は，プレゼンテーションの骨組みとなるスライドの構成をテンプレートに沿って作ってみましょう。経験が少ないとゼロから構成を考えて，聴衆にわかりやすいプレゼンテーションを作るのは困難です。全部まねるのではなく，全体的な流れを取り入れて，細部は自分で工夫するとよいでしょう。そうすれば，「何を言いたいのかがわからない」というストレスを聴衆に与えるのを防ぐことができます。

　2つ目として構成の次に大事なのは，伝え方です。最も困るのは「時間内に終わらない」ことです。時間内に終わらないと話の途中で終わることになり，伝えたいことが伝わらず，聴衆はよくわからないまま終わるため不満がたまります。必要であれば原稿を用意し，シミュレーションし，だいたいの所要時間を把握します。伝え方は練習で調整できるため，1回ですぐに修正するのではなく，2，3回伝え方を試行錯誤してからスライドの修正に取り掛かるとよいでしょう。PowerPointではスライドショーでスライドごとに経過時間を記録することができます。この機能を使えば，どこで時間を使い過ぎているか，時間を使っていないか分析しやすくなります。あと，意外に時間をくうのが，次に何を言うか考える「間」です。自分では少し考えただけのつもりでも，聞いている人にとっては案外長く感じられたり，リズムが悪くなることで理解がストップしてしまうこともあります。スラスラと話ができるよう練習をしたうえで，扱う情報の量を調整していきましょう。

　3つ目はオリジナリティは細部で工夫するという点です。1つ目の構成と関連して，プレゼンテーションではあらゆる部分においてゼロから自分で考える必要はなく，むしろ一般的な流れに従う方が聴衆の予想との齟齬を少なくし，理解が容易になります。しかしながら，すべてにおいて既視感があるとその人のプレゼンテーションのよさが伝わりません。そこで，オリジナリティを細部で表現することが重要です。例えば，テーマ選びです。テーマはプレゼンテーションの中心的な部分で，なぜそのテーマを選んだのか自分の経験や思いと関連づけます。また，文字の大きさやスライド，写真など自分が好きな感じを表現できるとよいでしょう。考察やメッセージはオリジナリティを出せる重要な部分です。自分の好みや伝えたいことを表現すると同時に，それが聴衆にどのように見えるかという第三者の冷静な視点を持ち続けることも重要です。準備の段階で誰かに話を聞いてもらい，自分らしさが聴衆にどう映るか意見をもらうとよいでしょう。

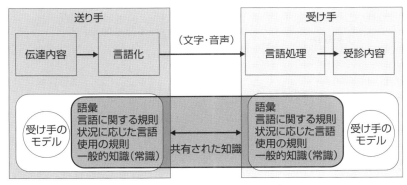

図23　コミュニケーション言語過程（Winograd, 1981）

[11] 聴衆と共有する知識を見極める

　プレゼンテーションを発表者から聴衆に向けた情報伝達として捉えると，過不足なく情報を受信してもらうことがプレゼンテーションの目標になります。そのためには，聴衆がどの程度，知識をもっているかどうか聴衆の理解を見積もる必要があります。発信者と受信者の知識の差を見極めることによって，その差をどのように埋めるか工夫することができるからです。本項では，決められた時間内にあるテーマについて発表者が情報を発信し，その情報を聴衆が受信するという関係に注目します。

　図23はコミュニケーション過程における言語的側面に注目しヴィノグラード（Winograd, 1981）がコミュニケーションの言語過程を示したものです。この図から送り手と受け手のコミュニケーションには，共有された知識が前提となることがわかります。その知識は，語彙，言語に関する規則，状況に応じた言語，使用の規則，一般的知識（常識）とあります。逆に考えると，これらの知識が共有されていない場合にはコミュニケーションは難しくなります。送り手は受け手とどのような知識を共有しているのか，あるいは共有していないのかを見極める必要があります。一方で，複数の聴衆がいる場合には一人一人との関係において共有された知識を見極めるのは困難です。このように聴衆一人一人を分析するのが難しい場合は，プレゼンテーションがどのような場であるか，聴衆個人が対象ではなくプレゼンテーションの場を対象に分析してみるとわかりやすいです。プレゼンテーションを4つのパターンに分けたものを図1プレゼンテーションの分類（☞ p. 6 定義と目的を参照）に示しました。公式度と専門性の2軸で捉えると，公式度・専門性が高いものに①学会，卒論発表があります。専門性が高く，公式度が低いものは②授業やゼミでの発表です。公式度が高く，専門性が低いものは③就職活動，自己PRです。専門性が低く，公式度が低いものは④サークル紹介，体験談です。①～④にコミュニケーションの言語過程を当てはめて考えてみましょう。

　①学会，卒論発表は専門領域のテーマについて発表するため，その分野における語彙や言語規則，使用の規則，一般的知識は明示的に共有されています。公式度が高い状況では，敬語を使ってフォーマルな話し方をします。ゼミに入ったばかりで経験の浅い学習者は，先輩や先生にアドバイスを受けながらその分野に求められる言語規則について理解します。②授業やゼミでの発表の場合も，専門分野の内容になるため，①の学会発表と同様に守るべきルールがありますが，公式度は高くないため，そこまで厳密に問われることはありません。どの程度，ルールを守ることが求められるかについて事前に先輩や先生に確認をしましょう。③就職活動，自己PRは，専門性は高くないので明確なルールはないかもしれませんが，それでも就職活動で良いとされるやり方があります。誰かの難しい言葉でなく，等身大の自分の言葉で語ることが求められます。経験者や就職課のスタッフにアドバイスをもらいましょう。④サークル紹介，体験談は，専門性も低く，公式度も低いことから，ルールなどの縛りは他と比べて少なく，自由に内容を決めることができます。しかしながら，他の発表者との兼ね合いや，主催者の意図など考慮すべきこともあります。事前に打ち合わせをして，どの程度，発表者の裁量に任されているのかを確認しましょう。

　上記に述べたとおり，公式度が高いと，その場に適した言語のルールが存在し，それを守ることがプレゼンテーションで求められます。一方，公式度が低い場合は自由に決められる場合もありますが，専門性が高い場合はそれでも専門分野のルールに従うことが求められます。また内容面については，図24に示すような2つのパターンが考えられます。1つは発信者が情報をもつものとして情報を持たない受信者に

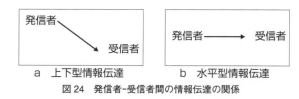

図24　発信者−受信者間の情報伝達の関係

対して受け取ってもらうような上下型情報伝達です。もう1つは，発信者と受信者が対等な関係で情報を共有するような水平型情報伝達です。発表者の方が経験も多く，明らかに自分よりも経験の少ない聴衆に話す場合は上下型情報伝達になります。しかしながら，大学生であればある分野においては他の聴衆よりも多く経験を積んでいる場合もあるかもしれませんが，人生経験として考えた場合に「教えてあげる」という態度が必ずしも好ましくない場合も多いです。そこで，聴衆が明らかに自分よりも経験が少ない場合を除き，水平型情報伝達を採用することをお勧めします。発信者も受信者も対等な関係の中で，自分が伝えたいことを伝えるという意識が重要です。また水平型情報伝達は他者の多様性を尊重するマインドとも関係しています。

［12］他者の力を借りる

　「来週までにプレゼンテーションを準備してください」と言われたら，みなさんは何からはじめますか？とりあえずPowerPointを立ち上げる人もいれば，何を発表しようか考えることから始める人もいるでしょう。いざプレゼンテーションをすることになった際にゼロからすべてを考えるのは労力を要します。なぜなら，プレゼンテーションを準備する過程で判断することは無限にあるからです。例えば，重要度の高い判断としてはテーマ決定，スケジュールの決定，構成の決定，重要度が小〜中程度の判断としては文字の大きさ，写真やデータが適切か，フォントはこれでよいかなどです。時間が十分にあってプレゼンテーションに最大限のエネルギーを注ぎ込みたい場合は1つ1つ丁寧に判断しながら準備ができますが，実際には他の授業の課題やアルバイトと同時進行で仕上げていかなければいけないことが多いでしょう。このように，限られた時間とエネルギーを効率よく使って最大限の成果を得るためには，選択と集中が必要になります。本項では，プレゼンテーションで他者の力を借りることの重要性について述べます。

　プレゼンテーションでは何かを作る際にはゼロから自分ですべてを考えて作成する方法と，テンプレートや前例などに沿ってそれを一部変える形で作成する方法があります。経験が少ない人には前者の方法でプレゼンテーションを作成するものと考える人が少なくありません。もちろんゼロから何かを生み出すことは貴重な学習ですが，後者もそれと同等に重要な学習になります。初心者ほど後者の方法から学ぶことは多いものです。例えば，大学生の卒業研究発表はその分野のルールや要領が存在します。このような場合は，先輩の発表資料を見せてもらい，大まかな流れを理解し，自分のテーマと共通する点と独自に書かなければいけない点を分析することから始めると効率よく，自分がすべきことに集中できます。ルールがあるのに自分でゼロからテーマや構成を考え作成してしまうと，最後に調整する時間と手間がかかってしまいます。また，もう少し自由度が高い場合でも他の人のプレゼンテーションを見て参考にすることで自分がすべきことが見えてきます。いったん作成したプレゼンテーションを修正したり削除するのは想像以上に労力を要し，「せっかく作成したのだからそのまま使いたい」という思いと戦わなければならないので，心理的な負担が大きくなります。できるだけやり直しをしなくて済むように，あらかじめ求められることを理解し，判断に迷ったらその都度，他の人の意見を参考にすることが重要です。プレゼンテーションを作成する前に関係者に方向性を相談するなどして，段取りを終えておきましょう（☞参考［33］，p.92 オリジナリティを高める）。初心者こそ，まずは例に従って作ってみて，馴染まないところや工夫したいところがあればそこを自分なりに応用・発展させるということを試してみます。また上級者も自分なりのやり方が確立されてきたとしても，前例に学ぶことはプレゼンテーションの完成度を高めるうえでも必要です。このように，「過去の知見の上に自分が何を積み上げられるか？」という視点をもってプレゼンテーションの経験を積むと自分なりのスタイルがつかめてきます。

　またメンターと協力して意思決定することも重要です。プレゼンテーションの意思決定が難しいのは何が良い悪いという価値観に関係していることと，何が良い悪いと判断するのは発表においては自分ではな

く聴衆だからです。自分が100%良いと思っても，良くないと思う聴衆が存在する可能性は捨てきれません。このことがプレゼンテーションにおける意思決定を悩ましいものにします。そこで必要なのがメンターの存在です。メンターとは話を聞いて相談にのってくれる人のことを指します。先生のように何かを教えるわけではなく，困ったときに寄り添い，アドバイスをくれるような存在です。プレゼンテーションのメンターは，プレゼンテーションが上手である必要はありません。話を聞いて客観的な意見や情報を与えてくれればいいので，その人自身の経験や知識がいらない場合もあります。友人や家族や先輩・後輩など，意見を聞きたい時にすぐにコミュニケーションがとれる人が望ましいのです。プレゼンテーションの準備において，メンターの存在は心強いものです。発表者の準備の段階から様々な声を取り入れて対話をしていくことは極めて重要です。

　プレゼンテーションを通してメンターと協力して意思決定をおこなった経験は，プレゼンテーションのみならず「学ぶ力」として確実に身につきます。どういう状況でメンターに相談しその過程でどのようにメンターも意見を参考にしたか，それによってどのような効果があったか，これらの経験は他の場面でも役に立つはずです。メンターに相談することを通して自分一人では作り上げることができなかった成果を得られます。自分一人でどうにかしようとすると必ず限界があり，他者に助けを求めて，他者の意見を取り入れ協力しながら自分の作品をより良くしていくことが大事です。またメンターに助けてもらったならばその人を今度は自分が助けるというような相互関係が生まれるでしょう。自分が安心して悩みや困ったことを相談できる人がいて，その人のサポートを求めることができるそのことがプレゼンテーションをより良いものにしようというエネルギーになります。授業でプレゼンテーションをおこなう際には，メンターのグループをあらかじめ決めておくという方法もあります。誰がメンターかを決めておくことでお互いに相談がしやすくなるからです。もともと話しにくい関係では相談もしづらいため，アイスブレイクをしてお互いのことを知り，同じゴールをもつよきライバルとして関係を築く必要があるでしょう。学習者に自分のメンターを決めてもらうのも１つの方法です。メンターを固定する場合，コミュニケーションがとりやすいというメリットもありますが，視点が偏るというデメリットもあります。多様な意見を知るという意味ではメンターを定期的に変えることのメリットもあります。学習者の状況に合わせて，毎回メンター役を変える方法も効果的です。

第6章
学習者への One Push；総まとめ

　本章では，プレゼンテーションの準備開始から発表本番終了後までを5つのステップに分け，学習のヒントをまとめました。各ステップに含まれる項目に取り組むと同時に，現在どのステップに自分がいるのか俯瞰的に見ることができます。

ステップ1：形成期

[13] シンプルに考える
　プレゼンテーションをすることになったら，最初に考えるべきことはとてもシンプルです。それは，「何を」「誰に」伝えて，その結果「どうなればいいのか？」ということです（図25）。プレゼンテーションの経験が少ないと，きれいにデザインされたスライドが作れるかどうか，自信たっぷりに多くの聴衆の前で話せるかどうかなど詳細についての不安は尽きませんが，このようなことは本質的ではありません。プレゼンテーションは目的をもった聴衆とのコミュニケーションだからです。「プレゼンテーションは上手だったけれどいまいち……」ということにならないよう，押さえるべきポイントを外さないようにしましょう。

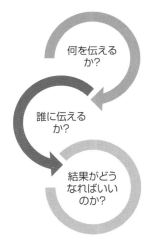

図25　プレゼンテーションをシンプルに考える

　プレゼンテーションをシンプルに捉えるために「何を」「誰に伝えて」「その結果どうなればよいのか」について1つずつ考えていきましょう。最初の「何を」はプレゼンテーションの内容のことです。プレゼンテーションの準備に取り掛かる時には具体的な内容が決まっていないこともありますが，ある程度の範囲は決められているはずです。例えば，サークル紹介のプレゼンテーションであれば「自分が所属しているサークルについて紹介」します。卒業研究では，「自分が行っている研究の進捗や成果を報告」します。このように，プレゼンテーションの場が決まったら，そこで求められている内容は自ずと決まってきます。しかし，だからといってすぐに内容を固めず，検討の

余地を残しておきましょう。テーマの決定にはその他，考えるべき要因を分析することと，誰かの意見を取り入れることが重要です。前例を調べたり，経験のある人に「どういう内容が求められているのか」「どういう内容はよくないのか」について相談し，情報収集するとよいでしょう。

　「誰に伝えるか」は，誰が聴衆になるか想定できる場合と想定できない場合があります。聴衆が想定できる場合は，発表者と共通点が多い場合とそうでない場合があります。発表者と共通点が多い聴衆に対するプレゼンテーションでは，コミュニティの内部でおこなわれるプレゼンテーションが多いです。例えば，大学やゼミなどです。自分が所属する集団であれば自分と同じような人や似たようなバックグランドをもつ人も多いため，どのような人たちでどのようなことに興味をもっているか想定しやすいでしょう。卒業研究の発表やゼミ発表ではよく知っている先生や仲間が含まれるものです。このように，実際に知っている，見たことがある人に話すプレゼンテーションは反応が想定できるため安心感があります。一方，発表者と共通点があまりない聴衆に対するプレゼンテーションでは，コミュニティの外でおこなわれるプレゼンテーションが多いです。このような場合は，事前に参加者リストを確認できることもあります。事前情報として，所属や年齢などのプロフィールを知ることができると聴衆を想像することができます。また参加動機を申し込む際に聞くことができる場合もあります。心配な人は，あらかじめ聴衆について情報を得られるようにしておくのも1つの方法です。

　次に，発表前に誰が聴衆であるのか想定できない場合は，例えば，就職活動では人事担当者や面接担当者が何人いるのか，自分以外の学習者が一緒に聞くのか詳細が書かれていないこともあります。その場合は，担当者に質問してみるとよいでしょう。直接，質問するだけでなく，就職課の職員や研究室の先輩など経験や知識のある人に傾向を教えてもらうこともできます。また，聴衆の中で誰が最も重要な人物かも想定することが大事です。なぜなら，聞いている人はたくさんいてもその中で人事権をもっていて，評価をおこなう人は限られています。聴衆全体にわかりやすく話すことも大事ですが，それと同時に最も重要な人物に「わかりやすかった」「求めるものに応えてくれた」と思われなければいけません。プレゼンテーションの場で特別な席が設けられている場合はすぐにわかりますが，聴衆に隠れて一見わからないようにする場合もあるので注意が必要です。

　最後は，プレゼンテーションの「結果がどうなればよいのか」について，プレゼンテーションのゴールを考えます。行き先が不明確なら目的地にたどり着けません。やみくもに歩き出すのではなく，どこに行かなければいけないのかを明確にして，それからその内容や方法を考えていくことが重要です。例えば，サークル紹介であればサークルをただ紹介するだけでは聴衆は「へえ，そんなサークルがあるんだ」くらいで終わってしまうでしょう。「ぜひ，入りたい！」という人はプレゼンテーションをよく聞かずともあらかじめ意思が決まっている人でしょう。そうではなく，サークルを紹介するということはサークルに入ってもらうという目的があるものです。プレゼンテーションをすることによって結果，入部者が増えるということがゴールになります。それでは，サークルに入ってもらうためにはどのような情報が必要かと考えると自ずと決まってきます。サークルの魅力や利点などのポジティブな情報が含まれるべきでしょう。ただそれだけでは，「魅力的だけど，入るのは……」というように行動に結びつかない場合も想定する必要があります。そこで必要な情報は，「入部の際にハードルとなることは何か」を考え，それの解決策を示すことです。例えば，お金がないという心配がある人は，どれくらい費用がかかるのかを示し，案外かからないものだなと思ってもらうような情報や取り組みが必要です。あるいは，時間がないという心配がある人には，毎日来なくてもよい，自由に参加できるという情報に加えて，実際の例としてAさんはこのようにサークルに参加していますというような具体例があればイメージがわきます。このように，確実にそのゴールに行き着くための段取りを考えることで無駄な寄り道をできるだけ減らすことが

できます。サークルに入っていない人の意見のように，他者の視点を複数取り入れることがポイントです。

　以上，3つのシンプルに考えるべき項目を示しましたが，このうち最も決定的なことは「結果」です。はじめに「結果」を考えて，「内容」と「誰に」の部分を順番に明らかにしていくとよいでしょう。この簡単な質問を考えることでプレゼンテーションの準備への取り掛かりはシンプルになります。

ポイント

・「何を」：話すべき範囲が何かを考える。しかし，すぐにテーマを決定せずにゆっくり検討する。
・「誰に」伝えるか：誰が聴衆になるか情報を得る。そして，その中で最も重要な人物が誰かを想定する。
・「その結果，どうなればよいのか」：聴衆が求めていることだけでなく，何が行動のハードルになりえるかを想定する。

---

[14] プレゼンテーションの条件を分析する

　プレゼンテーションと一言にいっても様々な形式がありますが，一般的には発表者がPowerPointなどを用いて聴衆に向けて一定時間，自分の予定や考えを説明します。そこで条件となるのは，図25で示した3つのポイント（何を伝えるか，誰に伝えるか，結果がどうなればいいか）に加えて，「どのような目的で」「どこで」「どのように」「何分で」伝えるかです。これらはプレゼンテーションがおこなわれる場によっておのずと決まります。図1は専門性と公式度によってプレゼンテーションの場を分類し，大学生ならではのプレゼンテーションの例をまとめたものです。例えば，専門性が高く，公式度も高い場として学会発表や卒論発表が挙げられます。このようなプレゼンテーションでは，先行研究を踏まえて自分で調査や実験を実施して発見したことについて自分の考えや主張をわかりやすく発表します。専門性が高く，公式度が低い例は授業やゼミでの発表です。このようなプレゼンテーションでは講義内容に関連して調べたり学んだことについてわかりやすく発表します。卒論や学会発表と内容は近いです。発表時間や形式は厳格に決まっていなかったり，聴衆に知り合いが多いなどの特徴があります。次に専門性が低く，公式度が高い場合は就職活動の面接などで，自己PRをするプレゼンテーションです。このようなプレゼンテーションでは知らないことを調べるのではなく，自分が持っているものや自分自身について分析し，それを他者にわかりやすく伝えることになります。次に専門性が低く，公式度が低い場合はサークル紹介や体験談の発表など年代が近い友人間や学習者間でのプレゼンテーションが考えられます。このように，専門性の軸では内容に専門用語など難しい言葉を含むか，科学的なディスコースに沿っているかが決め手になります。一方，公式度の軸については，聴衆や企画者の中に日常で接する友人や先生などの交友関係を越えて，他大学や知らない人がどれくらい含まれるかという点が決め手になります。この枠組みに入らないものもありますが，今から準備するプレゼンテーションの専門性の軸と公式度の軸を考えることによってやみくもに不安になったり負担に感じることなく，冷静にやるべきことが見えてくるでしょう。

　プレゼンテーションは具体的に「何分で」発表するかだけでなく準備時間という時間の制約が付きまといます。発表時間が長いほど準備が必要になりますが，短い場合は限られた時間で重要な内容を効率よく説明する工夫が求められます。また準備にかけられる時間的なコストを見積もらなければなりません。これはマネジメントを考える際に重要なポイントとなります。発表時間は個別の状況によって異なりますが，専門性の高い学会発表の場合は15分程度，専門性が低い場合は5分

程度が目安となります。複数人で発表する場合は分担します。準備時間については，自分がそのプレゼンテーションの準備に何時間使うことができるか，確実にかかる時間と調整可能な時間を考えます。スケジュール帳でそれぞれの時間帯を可視化すると効果的です。準備段階においては，基本的なPCスキルや発表スキルに加えて，誰かにやり方を聞くことができるか，アドバイスを求めることができるかどうかも考慮します。あらかじめ，プレゼンテーションの準備から発表までで予想される困難を挙げ，それに対する対処法を考えておけば見通しが立ちます。

> **ポイント**
> ・プレゼンテーションは図25の3つのポイントに加えて「どのような目的で」「どこで」「どのように」「何分で」伝えるかを考える
> ・専門性と公式度によってプレゼンテーションの場を分析する
> ・どのようなプレゼンテーションでも時間を管理することが重要

[15] 理想を考える

　プレゼンテーションを学ぶうえで，自分が望むプレゼンテーションをイメージすることが重要です。はっきりとしたイメージでなくとも「こんなプレゼンテーションにしたいな」という学習者の気持ちを手掛かりにすることがその人らしい魅力的なプレゼンテーションにつながります。プレゼンテーションの方法は様々で，人によってこれまで見聞きしたものも経験も異なり，また理想とするプレゼンテーションも人によって様々です。学ぶ対象や評価の基準が多様であるからこそ，プレゼンテーションの学びは貴重です。

　また，自分の理想を考えるだけでなく「良いプレゼンテーション」と「悪いプレゼンテーション」のイメージも考えておくと具体的になります。何が良いか，何が悪いかの評価も人によってそれぞれだからです。自分で仮説やイメージをもっておかないと，周りの意見に振り回されてしまいます。そのうえで，他の人と意見を共有したり，実際に他の人のプレゼンテーションを見て学ぶことで，プレゼンテーションの幅広さや奥深さを知ることができます。時と場合と場所によって求められるプレゼンテーションは異なりますが，目の前の短期的な課題はもちろんのこと，自分の学びという長期的な視点からプレゼンテーションを学ぶことについて考えておくことが重要です。

> **ポイント**
> ・あなたが理想とするプレゼンテーションを言語化する
> ・あなたにとって良い／悪いプレゼンテーションを言語化する
> ・プレゼンテーションで学びたいことをできるだけたくさん挙げる

[16] 自己肯定感とイメージトレーニング

　大学生であれば発表や報告会を含め，一度はプレゼンテーションを経験したことも多いでしょう。プレゼンテーションをすることになったら，「よしやるぞ！」と思う人よりも，「プレゼンテーションかあ……」と思う人の方が多いようです。現在の日本の学校教育ではプレゼンテーションについて特別な訓練を受ける機会のみならず，正解のない自己表現が認められる機会も限られています。そのため，プレゼンテーションをするとなったら過去の経験の記憶がよみがえり，「あんまりうまくいった記憶がないから今回もうまくいくのかなあ」という不安を感じるかもしれません。プレゼンテーションの経験が少ない人ほど孤独を感じがちです。そして過去の経験に囚われることで，新しいことを試して，自分自身が本来もっている力を発揮しにくくなります。

　過去の記憶を整理しつつ現在の課題に具体的に取り組み，未来に学びをつなげていくために，過去，現在，未来の時間軸でプレゼンテーションの学びを捉えてみます。過去にだけフォーカスすると現在の課題に集中できません。何より，その時よりもみなさんはあらゆる面で成長しているはずです。過去は過去，現在は現在と区切りつつも，現在の課題にしっかり向き合うために過去の記憶を参考にすることが役立ちます。また現在の課題さえよければいいという場当たり的な考え方では未来の学びにつながりません。プレゼンテーションは形や名前を変えて私たちの人生には欠かせないものになってきました。だからこそ，1回1回の学びを次の機会に活かしていくという経験学習の考え方と，自分がこうなりたいというイメージから逆算して現在できることを考えるというアプローチが有効です。

　そこで，過去と現在と未来をつなぐワークとして［2］自分に適したプログラムを作る（p. 17）で示した方法をご紹介します。このワークをプレゼンテーションの準備に取り掛かる前におこなうことでウォーミングアップになり，今やるべきことに集中することができます。プレゼンテーションは他者に自分の考えを伝えることですから，自分の感情や考えを肯定する自己肯定感が重要なことは間違いありません。プレゼンテーションの準備をしながらも自己肯定感を高めていくことが不可欠だと考えます。このワークをおこなうことで現状を認識し，何を学ぶべきか，何を取り入れるべきか，それによってどのように自分自身の行動が変化するかを客観的に把握することができます。

　プレゼンテーションの学びには協力者と環境が重要です。人は一人でプレゼンテーションを完成させるのは難しいものです。それは自分一人では想定不可能なことがプレゼンテーションにたくさん含まれているからです。一方，授業やワークショップなどでは共に学ぶ人や先生がいます。近くにいない場合はオンライン上に求めることもできます。このようにして，自分には目標があり，自分しかできないことがあり，それを助けてくれる人がいて，新しい技術を取り入れようとしている，このことこそがプレゼンテーションに対して前向きに，モチベーションを高めてくれます。この基本地図を手に，具体的な行動に移していきましょう。

> **ポイント**
> ・過去の経験が今のプレゼンテーションに対する考え方に影響を与えている部分を理解する
> ・過去は過去として捉え，現在の自分がどうなりたいのかこれからの目標を考える
> ・現在のプレゼンテーションの学習環境を整え，今できる学びに集中する

［17］戦略を考える

　プレゼンテーションをおこなうことになったら，PowerPoint を立ち上げる前に戦略を練りましょう。ここで言う戦略とは，依頼者や聴衆がプレゼンテーションに期待していることに応え，より多くの人に納得してもらい成果を上げるための戦略です。

　スライドを作る前にプレゼンテーションに期待されることは何かを分析します。例えば，就職活動で「自分についてプレゼンテーションしてください」という課題が出たとします。「私について」というタイトルを書き，私の趣味などと入力し始めてはいけません。いったんスライドを作成し始めると，自分が思うプレゼンテーションの枠組みの中に囚われてしまい，そもそもなぜプレゼンテーションをするのか，何を期待されているのかということについて後から戦略を考えることが難しくなります。スライドができあがってから考えればいいと思う人もいるかもしれませんが，スライドができあがった後に俯瞰的に見直す時間的・心理的な余裕があることはあまりありません。さらに時間的・心理的な余裕があったとしても，見直すことでスライドを全体的に修正しなければい

けないことも起こります。そうすると，これまでスライドを作成するのに使った時間と労力を考えると，「もうこれでいいだろう」というあきらめる気持ちがわいてきます。したがって，スライドを作成する前に作戦を練ることは，時間と労力を重要な部分に投入し，その結果，質の高いプレゼンテーションを作り上げるうえで不可欠です。

　就職活動のプレゼンテーションを例に戦略を考えてみます。まず，企業はなぜプレゼンテーションを学習者にさせるのかその狙いを考えてみましょう。プレゼンテーションの目的がわかれば自ずと期待されることもわかってきます。この例では企業側の目的として3つ挙げられます。1つは，企業が求める人材像に合致しているかどうか見極めることです。2つ目は，その人自身が信頼できる人かどうかを見極めることです。3つ目は，その人が自分のことをよく理解しているのか自己理解の程度を確かめることです。これらの目的に沿って発表者に期待されることを考えてみると，1つは企業が求める人材像に合致する部分をしっかりアピールできるかどうかです。2つ目は，人として信頼してもらえるように不審な部分がないか，誠実なところをしっかりアピールできるかどうか。最後に，自分について客観的に理解できているか，ということになります。

　1つ目の期待に応えるためには，企業のホームページを見たり採用情報や過去の事例を研究し，どのような人材が実際に採用されているかどうか，また現在の状況からどのような人材を求めているのかどうかを分析します。大学であればゼミの担当教師や就職課の担当者に相談し，アドバイスをもらうとよいでしょう。2つ目の，その人自身が信頼できるかどうかについては，制限時間や制限枚数などをしっかり読みプレゼンテーションの決まりを守っているかどうか，締切に間に合うかどうかなど，スライドの内容そのものではないこととも関係しています。スライドの内容についても，多様な視点から検討したり，人との関わり合いの中で見えてきた自分自身に関するエピソードを取り入れます。3つ目の自己理解に関しては，自分について人に説明するのは難しいものですが，具体的な事例をもとにそこから考察していくと根拠を示すことができます。プレゼンテーションのスライドを作成する過程でこまめに他の人に見てもらいアドバイスを受けると安心です（以上は就職活動の例ですが，これは卒業研究でも授業のプレゼンテーションでも同じことが当てはまります）。

　自分一人で考えたことについてプレゼンテーションをする場合だけでなく，その内容に複数の人が関わっているということもあります。どちらでも，あらかじめ関係する人たちと打ち合わせをおこない，話そうとしている内容の方向性に間違いがないかどうか確認し，調整します。大事なことは，プレゼンテーションは自分の言いたいことを言う場ではなく，プレゼンテーションがおこなわれる目的を理解し，期待されていることに沿って周囲とコミュニケーションをとりながら自分の言いたいことを伝える場であるということです。これを踏まえておかないと，プレゼンテーションは上手でも不採用になったり，授業で評価が低くなるということが起こります。そうならないためにもしっかり情報収集し戦略を立てたうえで，こまめに他の人のコメントやアドバイスを取り入れながらプレゼンテーションを準備していきましょう。

ポイント
- はじめに戦略を練ることで時間的・心理的な余裕が生まれる
- プレゼンテーションの目的を考えると期待されていることが見えてくる
- プレゼンテーションの戦略を考える過程そのものが対話の過程：人の多様な意見を参考にする

[18] 不安を取り除く

　誰しも多かれ少なかれプレゼンテーションをすることになったら不安がよぎるものです。「うまく話せるかな」「期限に間に合うかな」など誰でも感じる不安から始まり，「変な人が質問したらどうしよう」「当日会場に事故で時間に間に合わなくなったらどうしよう」など，万が一の事態を想定し始めるときりがありません。不安は本気の表われであり，人前での発表と切っても切り離せないものです。しかしながら，不安によって準備が滞り，心身共に悪影響がでるような状況では集中すべきところにエネルギーが使えなくなってしまいます。

　不安は心の中で感じていると何が原因なのかわかりにくくなります。得体のしれない不安によってさらに不安になるという悪循環が生まれます。そうならないために，自分が何に対して不安を感じているのか，その対処法は何なのか，事態を改善するために前向きに不安と対峙しましょう。具体的には，不安に思っていることを言語化・視覚化します。テーマや締切など，やるべきことやその手順がはっきりした段階で，プレゼンテーションに対して不安なことを洗い出してみましょう。表16を参考に些細なものから大きなものまで，思いつく限り書き出してみます。書いた日付も忘れずに書いておきましょう。リストを洗い出したら，それぞれの解決策を考えます。そうすると，簡単に解決できるものもあれば，解決策がわからないものもあるかもしれません。その時は，プレゼンテーションの経験のある友人や先輩，もし先生がいれば先生に尋ねるとよいでしょう。それでもわからない場合は，インターネットで検索したり，本を読んでみるのもお勧めです。

　リストができたら，自分が不安に思うことの要因の傾向を分析してみましょう。例えば，「スケジュール管理に関する項目が多い」「わかりやすさを重視している」「プレゼンテーションの発表というより発表後の質疑応答を気にしている」など，リストに挙げられた数に着目することで自分が気になっている部分が見えてきます。そして時間の経過とともに不安なことがどう変化するかを分析すると，プレゼンテーションの学びを次の機会に活かしやすくなります。準備が進んで，日にちが経ってから見直した時に解決されているものと，解決されていないものを把握し，やるべきことに集中します。

　不安なことリストを学習者同士で共有するのも効果的です。他の人が何に対して不安を感じているのかを知れば，お互いに共感できる部分を発見でき，不安に思っているのは自分だけではないことがわかるでしょう。また他者の不安は客観的に見ることができるため，「考えすぎじゃないか」「そこまで大きな問題ではないのでは」という見方ができるようになります。このように他者と共有することで，自分の不安と少し距離を置くことができます。また，お互いの不安なことリストに対してアドバイスをするのも効果的です。相手にアドバイスをしていると，同時に自分にアドバイスをしていることにも気づくでしょう。

　プレゼンテーションがすべて終わったら不安なことリストを見直してみましょう。そうすると，実際には起こらなかったことを不安に思っていたことや，具体的に対策することで解決できた項目も明らかになります。ただやみくもに不安になるのではなく，人の力を借りながら積極的に対処して，できるだけ前向きに不安をなくしていくことが重要です。

表16　不安なことリスト

日付	不安なこと	解決策
○月○日	締め切りに間に合わないかもしれない わかりやすく伝えられないかもしれない 質問に答えられないかもしれない	→具体的な行動計画を立てる →大まかな構成を書いてみる →想定される質問を考えて，それに対する回答を用意する。誰かに質問してもらう。

> **ポイント**
> ・不安は不安を呼ぶため，早めにリスト化し可視化する
> ・不安は具体的な対策とセットで考える
> ・人と共有することで自分の不安を客観的に捉える

[19]　マネジメントを考える

　マネジメントとは，経営管理ややりくりを指す言葉で，個人が何かの課題に取り組む時の方策や調整を含む管理をおこなうことにも使われます。プレゼンテーションはマネジメントについて理解しておくと効率よく質の高いプレゼンテーションを作成することができます。プレゼンテーションはただ意見を伝えるのではなく【聞き手のニーズ】を踏まえて，話し手側の【制約】の中で作り上げていくものです。制約には，時間的制約（発表までに残された準備時間・発表時間），物理的制約（プレゼンを作成するのに必要な機器・資料など），個人的制約（これまでのプレゼンテーションの経験や能力），人的制約（手伝ってくれる人）などが含まれます。これらを総合的に考慮して，最大限の成果を発揮しなければなりません。プレゼンテーションは適切なマネジメントがあってはじめてよりよいプレゼンテーションができます。

　プレゼンテーションにおけるマネジメントの要点を表17にまとめました。「ブレインストーミングと学習の見通し」（『大学生のためのプレゼンテーション入門』，chapter 2, pp. 38-67 参照）では，課題の全体像と範囲を把握し，何をしようとしているのかについて正しく理解します。次に「タイムマネジメント」は締め切りまでの残り時間を逆算し，具体的なスケジュールを立てます。「自己分析」では作業効率を上げ，無理な目標や作業をおこなわないように，適切に自分の現在の能力や考えを把握します。「進捗状況の確認」では，中間段階で作業の進み具合を把握し，問題があれば微調整します。「相互評価」では，相互に評価することで厳しく適切に状況を点検します。「目標達成」では，達成すべきゴールに合わせて目標管理をします。「成果を上げる」では，もっと成果を上げるために改善点を考えます。以上の7つの要点は物事をおこなうときの基本フォームのようなものです。自分をうまく動かせるように，自分のスタイルを作っていきましょう。そして，課題とマネジメントのスキルは分離して別々に向上させます。

　マネジメントをおこない，質の高いプレゼンテーションを作り上げるためには，中間段階での進捗状況の確認が欠かせません。プレゼンテーションで確認すべき事項は主に「内容」「レイアウト」「表現」の3つに分けられます。「内容」は個々のスライドの情報のことです。「レイアウト」は文字の大きさやスライドに含まれる文字や図表の配置などの見せ方の部分です。「表現」は，本番のプレゼンテーションで聴衆に理解してもらうことを意識した伝え方などの工夫のことです。この3つをバランスよく順調に準備していくことが重要です。どれか1つでも欠けていると聴衆の心をつかむことは難しくなるでしょう。ワークシートのチェック表を使って，他者と評価結果を共有することも効果的です。またドラッカー（2000）が提唱したとおり，途中段階でこれまでの学びを振り

表17　マネジメントの流れ

項目	目的
1. ブレインストーミングと学習の見通し	仕事の全体像と範囲を把握する
2. タイムマネジメント	具体的なスケジュールを立てる
3. 説得力と自己分析	自分の現在の能力や考えを把握する
4. 進捗状況の確認	作業の進み具合を把握する
5. 相互評価	相互に評価し状況を点検する
6. 目標達成	目標管理をする
7. 成果を上げる	もっと成果を上げるために改善点を考える

返り，これからの目標を再設定するのも重要です。さらに，現在までの結果をもとに新たな目標を設定することで効果を上げることができます。得意分野と苦手なところを明確にし，さらに強化するところを明らかにすることでまた一歩目標に近づくのです。

これまでの振り返り
①当初の期待どおり達成できたこと
②一生懸命取り組んだこと
③期待はずれに終わってしまったこと

これからの目標
①これから集中すべきこと
②改善すべきこと
③さらに勉強すべきこと

ポイント
・プレゼンテーションは【聞き手のニーズ】を踏まえて，話し手側の【制約】の中で作り上げる
・制約には，時間，モノ，人，コストが含まれる
・プレゼンテーションのマネジメントには7つのステップがある

---

[20] 情報収集する

　プレゼンテーションは情報収集が欠かせません。図26は情報の扱い方を示したものです。インターネット上には多種多様な情報が溢れており，ひとたびキーワードを入れて検索すれば，基礎データから第三者がまとめたものまで多様な情報が得られます。自分のために情報収集する場合は調べたいことを調べればよいのですが，プレゼンテーションのために情報収集する場合は情報を扱う責任が生じます。情報収集はただキーワードを検索するのではなく，発表で使えるかどうか段階を意識して丁寧に進めます。例えば，「クリーンエネルギー」というテーマが与えられた場合は，クリーンエネルギーについて調べる前に，クリーンエネルギーから連想されるイメージをできるだけ出してブレインストーミングをおこないます。情報収集の前に自分の理解や考えを確かめることで，仮説を立てて情報を整理しながら調べることができます。また定義や範囲を分析しておくことも大事です。クリーンエネルギーと言っても，太陽光，海や水，氷などを用いる多くの方法が存在します。どの方法に注目するか考える際に，自分の問題意識と関連させるのがポイントです。自分の過去の経験にさかのぼって興味を惹かれるものがある場合はそれを選ぶとよいでしょう。プレゼ

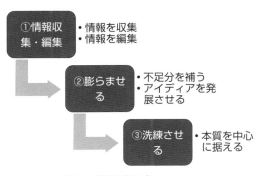

図26　情報の扱い方

ンテーションで扱う範囲がわかってきたら，「近年の動向」「問題をめぐる対立」「解決策と今後の課題」について調べてみましょう。このプロセスによって，自分がそのテーマの中で興味関心を抱いていることに気づき，問いを深めることができます（『大学１年生からのコミュニケーション入門』，リサーチ，p. 29 参照）。

　また，他の人も同じテーマでプレゼンがおこなわれる場合には重複しても違うアプローチで説明ができるように独自性の出し方についても考えておきましょう。上手なプレゼンテーションに必要なことはたくさんありますが，その中で最も大事と言えるのは，自分が心から興味をもっているテーマについて話すことです。経験とテーマが結びつくことで気持ちが自然に引き出され，オリジナリティの高いプレゼンテーションになります。

　詳しく情報収集する際には，メモをとりながら情報をまとまりで理解していきます。情報収集をしている時は頭の中で「これを調べてみよう」「これはどうなっているのだろう」と対話をしていても，時間が経つと自分がなぜそれを調べて何がわかったのか忘れてしまいがちです。どのようなサイトや本を調べて，何がわかったのか，調べた日時も記しておきます。紙に書くのもよいですし，Word にメモするのもよいでしょう。リサーチの記録をとることで，後でもう少し詳しく調べる必要が生じた場合もスムーズに作業を続けることができます。また，情報収集する際には，信頼できる情報源かどうかを必ず確認します。インターネット上の情報は玉石混交です。専門家なのか素人なのか，誰がその情報を発信しているか，まとめサイトではなくできるだけ一次情報にアクセスするようにしましょう。そして引用元や出典も確認し，プレゼンテーションを使用した場合は「引用文献・参考文献」としてスライドの最後に明記できるように情報を整理します。

> ポイント
> ・情報を収集する前に自分の理解を確かめ，仮説を立てる
> ・自分が興味をもてるテーマを選び，「定義」「近年の動向」「問題をめぐる対立」「解決策と今後の課題」をまとめる
> ・情報収集の過程を記録する

ステップ２：混乱期

[21]　テーマを絞る

　プレゼンテーションのテーマは事前に決まっていることもあれば，ある程度，自由に決められる場合もあります。テーマが具体的に決まっている場合でも，自分で決められる余地がないか検討しましょう（☞ p. 69 [13] シンプルに考える）。テーマを自分で決められる場合は，慎重にかつ速やかに具体的なテーマを決める必要があります。テーマ選びに時間がかかって準備時間がなくなるということはよくあることです。あらかじめテーマを考える時間や日数を決めて，その範囲で決定するのがよいでしょう。

　ここでは，テーマの絞り方を制限の観点から以下の３つに分けて説明します。制限が０％の場合，大まかなテーマは決まっているがその中から自分でテーマを決定する制限が50％の場合，テーマがあらかじめ決まっていて，それに従わなければならない制限が100％の場合です。難易度としては，制限50％が一番考えやすいでしょう。制限が０％の場合，つまり「何でもいい」と言われると困るものです。またすべてが決まっている場合は，その中でどのように独自性を出すかがポイントになります。

　はじめに，テーマが自由な場合【制限０％】は，どのような発表が求められるか考えてみます。

カジュアルなプレゼンテーションであれば趣味など個人的な内容が考えやすいでしょう。一方で，フォーマルで講義中におこなわれるような発表の場合は，直前に学習した内容など講義でのプレゼンテーションに適した内容にする必要があります。プレゼンテーションの分類（☞ p. 7 図 1）を参考に「専門性」と「公式度」から求められる内容やプレゼンテーションの目的を考えてみましょう。プレゼンテーションの専門性が低い就職活動やサークル紹介などでは自分がどのような人間か，何に興味をもっているかを伝えることで聴衆とのコミュニケーションを深めることができます。プレゼンテーションを自分やサークルのアピールの場として捉えます。専門性が高い場合は，学習や研究の成果を披露することが求められているため，自分の人間性よりは「何を学んだのか」「何がわかったのか」という内容が中心になります。また，公式度が高い場合は書き言葉を中心とした丁寧な言葉遣いが求められます。公式度が低い場合は，くだけた表現を使うなどして聴衆との距離を縮めることができます。いずれもその場に知らない人がどれくらいいるか，目上の人がどれくらいいるかも重要な判断材料になります。

　次に【制限 50%】は，与えられたテーマの範囲で詳細を自分で決定できます。この場合は，まずそのテーマについてどのような選択肢がありえるのか調べます。問題の全体像が大まかにつかめたら，その中で自分が興味を惹かれるものや，「なぜかな？」と矛盾点に気づいたところを中心に掘り下げたいテーマを決定します。そのテーマについてある程度知識や情報を蓄えなければ，興味のあるテーマを見つけることは困難です。いきなりテーマを決めようとするのではなく，何冊か本を読んで，情報を収集し全体をつかんでから，その中で興味を惹かれる分野を絞るとよいでしょう。自分で概要を調べるのが難しい人は，詳しい人にインタビューをして，対話の中から興味のあるテーマを探すという方法もあります。

　最後に，ほとんどテーマが決まっている【制限 100%】の場合は，企画者や先生などにプレゼンテーションの決定権があります。できるだけコミュニケーションをとって，「どのような内容が適切か」意見を仰ぎましょう。そして，ある程度，作成したところで内容に問題ないか確認するとよいでしょう。このようなプレゼンテーションでは求められていることを正確に把握し，それに沿うようにプレゼンテーションを作り上げるプロセスが重要です。また少しでも自分らしさを取り入れる工夫をします。そのためには，一人だけでなく複数の人からアドバイスをもらうための人間関係づくりが大事です。自分では良いプレゼンテーションができたと思っても，本来の趣旨から外れてしまえばそれは良いプレゼンテーションになりようがありません。TPO に応じて他者の意向に沿ってプレゼンテーションを考えることも貴重な練習になります。

> **ポイント**
> ・テーマ選びはプレゼンテーション全体を決める重要なポイント
> ・どの程度テーマを自分で決定できるか，制限ごとに方向性を考える
> ・テーマを選べる際には，本などで下調べが重要。自分で選べない場合は，決定権のある人とコミュニケーションをとり情報を収集する

[22] 情報を編集する

　プレゼンテーションでは多くの情報を扱います。プレゼンテーションにおいては，どのような情報があるかを探索する過程と，目的を定めて関連する情報を相互に関連づけ，発見する過程があります。探索した後は，しっかり目的を定め，どのような情報が必要なのかを整理しましょう。検索・収集した情報をもとに全体の傾向をつかみ，情報を編集します。具体的に情報の編集とは，「取捨選択」「構成」「配置」「関連づけ」「調整」などの作業が含まれます。プレゼンテーションの目的

に沿って必要な情報を取捨選択し，発表内容を構成し，情報を適切な順番で配置し，情報同士を関連づけ，全体を調整します。この編集作業で得た情報を自らの言葉で説明できるように咀嚼することこそが創発型のプレゼンテーションにおいて重要なプロセスになります。

　情報の編集で特に気をつけなければならないのは，どの情報を残し，どの情報を使うか情報の質の見極めです。特にインターネットで得た情報については，その情報を信じてよいのか，より質の高い情報がないのか批判的に考えましょう。情報は一次情報と二次情報，三次情報の３つに分けられます。一次情報は自分で実際に見たり聞いたりして得た情報，二次情報は自分以外の誰かが得た情報，三次情報は誰かわからない第三者が得た情報です。このように情報の質的な差を意識しないと一貫性が確保できず説得力が生まれません。まずは基礎的なデータと，そこから自分が考える解釈や考察とを分けて，どれを使うか，使わないか注意深く検討するようにしましょう。情報はプレゼンテーションの質を決定します。伝え方や構成がよくても，プレゼンテーションを支えるそれぞれの情報が間違っていたり，怪しいものであればプレゼンテーション自体が台無しになります。１つ１つの情報を大事にすること，そしてプレゼンテーションに使う情報を吟味することに注意をしてください。調べるということ自体は時間がかかるため，締切が近い場合，手を抜きやすいものですが，もっと新しく信頼性の高いものがないかどうか時間が許す限りこだわって調べましょう。どれだけ調べたかその労力や時間はプレゼンテーションで直接，示すわけではありませんが，調べた過程で考えた量は説得力や自信の裏づけになります。調べたからこそ質疑応答がスムーズにできることが多いです。実際に情報を使わなかったとしても，調べる過程で考えた量は着実にみなさんの力となって，聴衆に伝わります。

ポイント

・情報はプレゼンテーションの質を決める素材。情報の探索と掘り下げる２段階を意識する
・プレゼンテーションに必要な情報の質を見極める
・集めた情報を編集する

---

[23] アイディアを膨らませる

　テーマが決まり，背景や目的を考え，情報収集をしてプレゼンテーションの方向性が決まったら，今あるデータや情報をもとにアイディアを膨らませましょう。ただ調べた内容を伝えるだけでは自分の発表にはなりません。得た情報を解釈し，問いに対する自分の考えを導き出すことで，新しい何かを生み出せるオリジナリティの高いプレゼンテーションになります。

　アイディアを膨らませるためには，頭の中にある情報を外化し，可視化することが大事です。頭の中に情報を蓄え続けながらそれについて考えを深めていくのは難しいことです。いったん情報を頭の外に出して，紙やスライドに記すことによって，改めてその情報や知識の良し悪しや，不足している部分などを客観的に見ることができます。本項ではKJ法の考え方を紹介します。

　アイディアを膨らませるためにはKJ法が役立ちます（p. 40［4］科目間連携のためのプレゼンテーション　参照）。KJ法は集めた情報から新たな発想を生み出すために様々な教育実践で使用されています。大きな紙を用意し，まずプレゼンテーションのテーマを中心に書き，そのテーマについて思いつくことを付箋に書いて貼っていきます。この段階では質は問わず，できるだけたくさん思いついたことを出します。５分や10分など制限時間を決めて，アイディアが出尽くしたら，今度は付箋を眺めて似たようなものを近くに貼り直し，グループ化します。そうすると，雑多に見えたアイディアがいくつかのまとまりになり，それぞれがプレゼンテーションで考えるべき重要な論点になります。KJ法は一人でじっくり考えを膨らませるのにも向いていますし，２〜３人のグルー

プで取り組むと一人では思いつかないようなアイディアが生まれます。複数人いる場合は，同時にKJ法をグループで取り組み，できあがったものを比較すると新たな気づきが得られます。KJ法でまとめた結果をもとに最後に文章にまとめましょう。文章でアイディアをまとめなおす作業が最も重要です。このように，じっくり考える前にとにかく連想して思いつくものをできる限り多く出した後に減らす段階を意識します。

> **ポイント**
> ・プレゼンテーションでは情報を集め，膨らませ，洗練させるステップが重要
> ・集めた情報を膨らませるためには，いったん情報を外化し客観的に眺めてみる
> ・情報と情報の関連づけ，整理し，重要なものを見極めるためにKJ法が役に立つ

[24] アイディアを洗練させる

　アイディアを膨らませたら，いったんそこから重要な内容を抽出し洗練させましょう。本項では紙を用いたまとめ方を紹介します。1つ目はトヨタ式を参考にした方法（浅田，2021）です。これは業務改善の一環として，多数枚を要する書類を1枚にまとめて一覧できるように工夫したものです。この方法が優れている点は，1枚の紙でスライド全体を俯瞰することができるため，細部に陥らず常にプレゼンテーション全体を意識することができ，発表に一貫性を持たせることができます。このように1枚の紙という制限があるからこそ，そこに落とし込む段階で情報が精査され，重要な本質を見抜きやすくなり，やみくもにスライドを作成してまとめるのに多くの労力と時間を費やさずにすみます。

　具体例を図27に示します。これは筆者がプレゼンテーションの準備に使いやすいよう一部をアレンジしたものです。A4サイズの用紙1枚を用意し，4×4のマス目ができるように紙を折ります。Excelで作成することも可能ですが，慣れるまでは紙とペンで作成するのが効果的です。大きく4か所に分けて，左上から順番に記入の仕方を説明していきます。最初に記入する事項は左上の，作成日と講義名などプレゼンテーションをする場とテーマを記入します。この紙は1回書いたら終わりというものではなく，新しい情報が見つかったり，区切りごとに新しいバージョンを作成します。そのため，いつ作成したかを書いておくと後々役に立ちます。この例では，「知と教養」という講義で「ネット依存」についてプレゼンテーションをするための準備ということになります。次に，その横のマスに「あなたにとって『知と教養』とは？」という問いに対する回答を書きます。ここは，プレゼンテーションの中で直接触れることはないかもしれませんが，何のためにプレゼンテーションをするのか，自分が大切にしている価値観や哲学を書きます。なんとなく大事だと思っていることを言語化することで，プレゼンテーションに深みと一貫性が生まれます。次に，「一言で言うと？」にプレゼンテーションで言いたいことを簡潔に書いてみましょう。どのようなプレゼンテーションにしたいか，一言で書いてみることで自分が発表したいと思っていたことが明らかになります。

　左上の箇所で全体的な方向性が決まったら，残りの3つの箇所を記入します。この3つで書く内容はプレゼンテーションの論点になる内容です。この方法では1枚の紙にまとめるために，ポイントは3つにあらかじめ絞ってあります。この3という数字はプレゼンテーションやスピーチにおいては魔法の数字で，論点が2つでは少な過ぎ，4つでは広く浅くなり過ぎるところ，3つというのは全体を表しかつそれなりに深く内容をまとめるうえで理にかなっています。調べた内容から発表したい内容を3つに絞ってみましょう。その際，KJ法でグループ化したまとまりが参考になります。ここでは，「ネット依存」というテーマについて「ネット依存の現状」「ネット依存の問

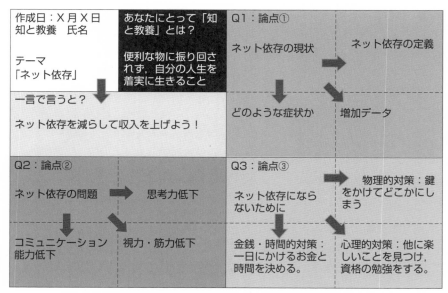

図27　トヨタ式を用いたプレゼンテーションの準備

題」「ネット依存にならないために」として，現状，問題，対策の3つを論点として挙げました。さらに，それぞれの論点について詳しい説明を3つずつ書く欄があります。例えば，「ネット依存の現状」であれば，「ネット依存の定義」「どのような症状か」「増加データ」の3つです。出典や使用したい図表などがあればその情報をこの紙に記入しておくとよいでしょう。この紙を完成させれば，このシナリオをもとにスライドを作成していくだけです。しっかり下調べし，KJ法でアイディアを膨らませておけば，この紙を作成するのに時間はかかりません。思ったよりスラスラ書けることに驚く方も多いでしょう。1枚の紙にまとめておけば，先生や誰かにアドバイスを求めやすくなります。ただし，スライドを作成していると修正が必要な点も見えてきます。その場合は，この紙を修正したり，新たに作成し改善を重ねましょう。この方法はプレゼンテーションだけでなく，レポートを書く際にも役に立ちます。

　トヨタ式で全体の方向性と構成がまとまったら，今度は図28のようなマス目を作った紙を用意してスライドごとに何を書くか落とし込んでいきます。すぐにPowerPointを立ち上げずに，紙で構想を練るのが重要です。紙であればいつでも書き換えることができ，全体を見渡すことができます。左側には大まかにスライドに何を書くのか書きます。そしてその右側にはスライドの位置づけや目的，話す内容など何でもメモをします。いったん全部書いたうえで，重複がないか，わかりにくいところがないかを確認します。この段階で誰かに話を聞いてもらうとストーリーが変なところやわかりいやすいところが見つかります。何度でも書き直して，どのバージョンがよいか後で比較するとさらによいものを選ぶことができます。このように紙を使ってある程度スライドの内容や順番を固めてから，PowerPointの作成に入ると無駄に時間を使うことなく，アイディアが煮詰まるのを防ぎます。PowerPointを使うと紙に書くよりも作成のコストがかかるので，コストをかけた分だけ後で修正したくなくなるものです。紙をうまく使うことで効率よく自分の言いたいことをまとめたプレゼンテーションを仕上げることができます。

　スライドがまとまったら，その都度，印刷して全体と個のスライドの関係を確認しましょう。その際，スライド全体が一覧できるように設定します。PowerPointであれば「印刷」→「すべてのスライドを印刷」→「配布資料」→「9（横）」で9枚のスライドが1枚の紙に印刷されます。A4

スライド 1枚目	メモ

図28　紙でスライドの下書きをする

サイズの用紙に印刷する場合，スライドの枚数が9枚を超えると，文字が小さく読めなくなります。9枚以内のスライドであればA4サイズ1枚に，それ以上であれば2枚，3枚で全体を印刷することができます。それを並べて俯瞰して眺めると，どこまでがイントロダクションで，どこがプレゼンテーションの山場になるかなどスライド単位ではなく内容のまとまりとして見ることができます。そうすると，順序を変えた方がよい個所や，情報を詰め込み過ぎている個所が見つかるでしょう。また，時間をかけたいスライドとそうでないスライドという重要性の高低も見えてきます。全体を眺めることで時間配分も考えやすくなります。PowePointに経過時間を記録できる機能があるため，それと合わせて，リハーサルをした後にどのスライドに何分何秒使ったか後で記入し，時間を調整します。

> **ポイント**
> ・膨らませたアイディアから大事なものを選ぶことで重要なことが際立つ
> ・内容を洗練させるためにトヨタ式を参考に紙に書いて，全体を把握する
> ・紙に下書きしてから，スライドを作成して，印刷して俯瞰する

[25] キーメッセージを考える

　プレゼンテーションで期待されることや目的がわかり情報収集も終わった段階で，自分が最も言いたいことを一言で言うと何なのかキーメッセージを考えましょう。準備の段階で文字の大きさなど細部に入っていくと自分が最も言いたいことは何なのかがわからなくなりがちです。また情報を精査する段階でも，最も言いたいことを常に意識していないと本質からずれていくことが起こります。そうならないために，キーメッセージを考えておきます。この作業により，プレゼンテーション全体に一貫性が生まれ，説得力を高めることができます。

　キーメッセージは一文で表現されるものが望ましいです。あまりに長いときメッセージ自体がわかりにくくなります。キーメッセージはスライドに含む場合もあれば，書かない場合もあります。いずれにせよプレゼンテーションのスライドを作成する際に，表紙と目次の次にキーメッセージのスライドを作業用に作っておくと，いつもそのスライドのキーメッセージが目に入るのでその後のスライド作成の参考になるでしょう。また，Wordに全体の構成をまとめる際にキーメッセージを含めておくのも効果的です（☞ p. 82 トヨタ式を参照）。キーメッセージは準備を進める過程で何度も見直します。準備段階で新しい考えやアイディアが生まれてくるため，スライド作成が進めばキーメッセージと内容にずれが生じることもあります。キーメッセージは一度決めたら絶対に変え

ないというものではなく，プレゼンテーションに一本筋を通すための思考の道具として柔軟に捉えてください。

　キーメッセージを考える際に，他の人のプレゼンテーションのキーメッセージを分析すると参考になります。キーメッセージとしてスライドに書かれているものもあれば，ないものもあるでしょう。キーメッセージが書かれていない場合は最初の「背景と目的」や最後の「まとめ」で関連する内容が書かれていることもあります。「このプレゼンテーションでは何が最も言いたかったのか」という視点で人のプレゼンテーションを評価する経験を積むと見る目が養われ，自分のプレゼンテーションにも役立ちます。プレゼンテーションの理解にキーメッセージを理解することが重要なことも分かるでしょう。

ポイント
・キーメッセージを考えておくことでプレゼンテーションに一貫性が生まれる
・準備段階でキーメッセージは随時見直し，内容と齟齬がないように作り直す
・他者のプレゼンテーションのキーメッセージを分析する

---

［26］内容を組み立てる

　プレゼンテーションは最初の30秒程度で大まかな印象は決まります。面白そうと思ってもらえれば聴衆の関心をひきつけることができますが，「よくわからないな」「難しそうだな」と思われると，その後の説明をしっかり聞いてもらえなくなります。自分と興味関心の近い人に「ぜひ聞いてみたい」と思ってもらうのが一番ですが，これは残念ながら多くの聴衆には期待できません。「テーマには興味はあまりないが，聞いてみたいな」と思ってもらうことが1つ目標になります。テーマ自体はもちろんのこと発表者の着眼点や熱意を共有することが重要です。

　わかりやすく内容を組み立てるためには，プレゼンテーションのイントロダクションでテーマを選んだ背景と目的をはっきりと伝えることが大事です。テーマが決まったら，なぜそのテーマを選んだのか，このプレゼンテーションを通して何を伝えたいのか発表の目的を考えます。またなぜそのテーマについてプレゼンテーションをしようと思ったのか，その理由に熱意があらわれます。理由によって主張に説得力があるかどうか判断されるということは，理由を聞けばその人がどれくらいの重みをもって主張をしているかがわかるということです。そのためには，階層的に理由を説明できるとよいでしょう。周辺からだんだんと具体的なテーマに絞っていくイメージです。その際，個人的，主観的，非論理的な説明にならないように気をつける必要があります。説得力がある話は，誰が聞いても納得できるかどうかが重要です。背景と目的は最初に考えますが，本論を考えていくと，ずれてしまうことがよくあります。そのため，最初に考えた背景と目的は暫定的なもので，全体ができあがってから最初に考えた背景と目的とその後の展開が一貫しているかどうか確かめましょう。そして最適な背景と目的を考え直します。そうすれば全体的なまとまりが完成します。背景と目的は最後に決まるということを覚えておいてください。

　背景と目的と述べた後にどのように話を進めるかについて構成をしっかり考えておかないとまとまりがつかなくなります。構成は序論・本論・結論の三段階に分けられます。序論とは，話の導入部分です。ここで今から何を発表するのか大まかな内容を伝えます。表紙にタイトルと発表者氏名を書き，目次や発表の背景と目的を伝えます。本論では，発表の中心となる内容をデータを用いて伝えます。分量は本論が最も多くなります。そして，最後に結論としてまとめと今後の展望を示します。この三段階の構成は，プレゼンテーションだけでなく文章を書くときにも共通しています。ここでは，共通のテンプレート（表18）に加えて，何かを紹介する場合と何かを提案する場合に

表18　構成のテンプレート

段階	内容	スライド
序論	タイトル・発表者の紹介	表紙
	発表の目次	スライド1枚目
	背景・目的	スライド2枚目
本論	詳しい内容（紹介型か提案型かで異なる）	スライド3-7枚目
結論	まとめ・今後の展望など	最後のスライド

分けて以下に説明します。

　紹介型の場合，本論では現状分析をおこないます。何かを紹介する時にはそのモノ，コト，人などについて，人気が出ているのか，あまり知られていないのかなど近年の動向を調べます。現状がわかったところで，紹介したいものを取り上げ，その特徴を描写します。その次に，現状分析で述べた他のものと比較して，共通点と相違点をまとめます。大まかにそのモノ，コト，人などについて説明した後に，現在，足りない点や課題について示します。何かを紹介する際によいところに焦点を当てがちです。このように，メリットなどよいところばかり述べるだけでなく弱点や課題などのデメリットについても調べることで，両側面を踏まえた説得力のあるプレゼンテーションになります。ただし，メリットとデメリットのバランスに注意して，これまでの話が台無しにならないようにデメリットは1，2点言及するだけで十分でしょう。最後に，話をまとめ今後どのようになっていくか展望を述べます。

　提案型の場合は，新しい行動やプランを聴衆に提案するためのプレゼンテーションに合うように必要な内容を具体的にします。まず始めに，その提案は問題を解決するのかどうかを考えましょう。また解決するとしても提案を実行することが可能かどうかも重要な問いになります。本論では現状分析をおこないます。現状分析では問題点が浮かびあがるように前提となる状況を描写します。そして，そこから解決すべき問題点を抽出します。この時点でできるだけたくさんの聴衆にその問題点を共有してもらうことが大事です。そうでなければ提案の効力も認めてもらえません。何を問題とするかよく考えましょう。そしてその問題を解決する1つの策を提案します。提案しただけではその問題が解決されるかどうかわかりませんので，解決される過程を示します。どのようにしてその提案が問題を解決するのか道筋を立て，効果の程度を明らかにします。解決までの過程で困難なことがあれば示し，それを乗り越えられることまで説明できれば説得力が増します。最後に話をまとめ，今後の展望を述べます。

　以上の型を土台に最初は構成を考えてみるとよいでしょう。テンプレートに当てはまらない部分があれば，どのように付け加えるのがよいかを基本的に型に沿いながら自分でプラス・アルファできるところがないか検討します。このような試みがみなさんのプレゼンテーションのオリジナリティを高めてくれるでしょう。

> **ポイント**
> ・プレゼンテーションの印象ははじめの背景と目的までで決まる
> ・わかりやすいプレゼンテーションを作るためには構成が重要
> ・紹介，提案，その他の目的に応じて適切な構成を考える

[27] 論理構成と表現

　プレゼンテーションにおいて論理性はとても重要です。論理性とは，考えや議論などを進めていく筋道のことです。広辞苑では，「思考や論証の組み立て，思考の妥当性が保証される法則や形式」

と書かれています。自分の考えを他者に理解してもらうためには，他者と共有可能な形で筋道を立て，形式に沿って構成するということが求められます。このように，論理性について考えるということは，いったん自分の考えと距離をとるということでもあります。この過程がプレゼンテーションをわかりやすくするためにとても重要です。

　どれくらい厳密に論理を組み立てなければならないかは，プレゼンテーションの状況によります。図1に示した専門性の高いプレゼンテーションであれば一切の矛盾がないよう細部にわたり検証する必要があるでしょう。特に論文を前提とした学会でのプレゼンテーションでは，話す内容が文字に書き起こされても問題がないように，曖昧な表現を避け，文章に論理的な飛躍がないか，ルールに従っているかどうか考えなければなりません。また間違いがないかという点も欠かせません。データや引用文献など素材が適切でなければいくら論理が明確であっても信頼性という点で質が落ちてしまいます。一方，カジュアルなプレゼンテーションであれば，内容の論理性も必要ですが，目的に応じて聴衆にとって親しみやすいかどうかの方が重視されます。しかし，わかりやすさという評価も論理がなければ実現することはできません。したがって，厳密な論理ではないかもしれませんが，「わかりにくいポイントはないか？」という視点が重要です。これは発表者自身で見つけるのは困難なので，様々な人に聞いてもらい，意見をもらうとよいでしょう。

　専門性，公式度にかかわらず論理性において重要な点は，全体の構成と，話の流れの2つに分けられます。全体の構成については，その分野でよく使われる構成やテンプレートを参考にします。過去の発表資料を入手し，どれくらいの自由度が許されているのか目安にしたり，経験者に話を聞くとよいでしょう。オリジナルで構成したプレゼンテーションは他者にとってわかりやすいものにするまで時間がかかります。その努力や時間を内容につぎ込むために，前例をベースにして一部をアレンジするというのが効率的です。話の流れについては，スライドを切り替えるときに使えるつなぎ言葉を考えてみましょう。よく使われる言葉に「逆説」「追加」「驚き」があります。「逆説」は前のスライドを違うことを言うとき，「追加」は前のスライドを土台にデータなど情報を付け足すとき，「驚き」は前のスライドから飛躍があるときに使えます。プレゼンテーションにおいて，個別の流れと同時に，全体の流れも常に意識しておく必要があります。全体と個のバランスを考えることも論理性を高めます。

> **ポイント**
> ・自分の考えを他者にわかりやすくするために論理を考える
> ・論理は自分の考えと距離を置いて眺めることが重要
> ・プレゼンテーションの状況に応じて求められる論理性の程度は異なる部分もあるが，構成や話の流れなどにおいて共通する部分もある

[28] 視覚効果を利用する

　スライドを用いたプレゼンテーションの利点は聞いている人に視覚的に訴えることができる点です。言葉だけで理解できないことも視覚情報を組み合わせることによって強調したりイメージをつかんでもらうことでさらに理解を深めることができます。どのようなスライドが視覚的に効果を持つのか，他の人のプレゼンテーションをたくさん見て参考にしましょう。プレゼンテーションをする状況によって視覚効果が有効な場合もあれば，むしろ理解の妨げになる場合もあります。学習者同士のカジュアルなプレゼンテーションであれば聞き手の理解がばらばらなので視覚効果が発揮されやすいです。一方で，学会発表や卒業研究などの学術的なプレゼンテーションにおいては，視覚効果に頼りすぎるとしっかり内容に集中してもらえなかったり，内容に自信がないのではないか

と逆に信頼を損ねることもあります。このように視覚効果は状況によってどれぐらい使うかを考える必要がありますが，どの状況でも使える技術として，色使い，フォントの大きさ，モノクロ・カラーの3点について説明します。

　色使い：文字の色は白の背景では黒，黒の背景では白が基本で，この他の組み合わせでは，会場の明るさによっては文字が見にくくなるので聴衆の目の負担を考えます。シンプルなスライドであれば，重要な部分を赤い文字にします。強調する点を分けたい場合は赤色と青色に分けるとよいでしょう。この場合の青色も薄い水色ではなく，また濃い紺色では黒色と見分けがつきにくいため，発色の良い青色にします。この赤と青の2色による強調ではそれぞれに意味を持たせることができます。2色の意味づけの例を2つ紹介します。1つは重要性による区別です。赤が最も重要で，青が参考程度に見てほしいという意味づけです。これは赤い文字が重要な部分を強調するという最初に紹介したルールに基づき，その補足として青色を使用する場合です。もう1つはポジティブかネガティブか，良い悪いの二項対立を赤と青で示す区別です。この場合はどちらをどちらに当てるかは文脈によりますが，悪いところに注目してもらう場合は，赤色をネガティブな部分に，青色をポジティブな部分に使うとよいでしょう。

　フォントの大きさ：フォントのサイズも基本の大きさを決め，全体的に統一するようにして，強調が必要な場合にそこが目立つように大きくしたり小さくしたりすることがあります。対面でのプレゼンテーションでは遠くに座る人もいるため小さい強調はあまり効果がありません。したがって大きくすることによる強調についてここでは述べたいと思います。文字を大きくして効果を得るためには，それが見にくくないかをについて気をつける必要があります。特に長い文章の中で一部だけ文字を大きくすると意味を理解する際の妨げになってしまうためお勧めできません。文字を大きくするにはその文章やキーワード全体を大きくする方法が見やすいのです。カジュアルなプレゼンテーションでは，短いメッセージをスライド一面に大きくすることもインパクトがあります。文字として読ませるというより図やイラストのように文字を使う例です。強調には対比が有効ですので，基本のルールを使った後にそのルールを壊すような工夫があると効果的です。遠隔のプレゼンテーションでは対面よりも小さい文字を使うことができますが，見やすさに注意するのは同じことです。

　モノクロ，カラー：色の使い方として大きくモノクロかカラーかという分類もあります。カラーの方が鮮明で，情報量は多く，人の表情やその場の雰囲気など写真を通して言葉では伝えにくいたくさんのことを聞き手に伝えることができます。一方で白か灰色か黒で表されるモノクロは情報量は少なく，カラーですぐわかったこともモノクロではすぐにはわからないことも多くあります。この特徴を利用して，より多くの情報を伝えたい場合はカラーを使い，それともコントラストで情報量を抑えたい場合はモノクロを使うとよいでしょう。この2つを効果的に使うためには，カラーとモノクロの2種類のものを比較する形で使うと効果的です。例えば良い場合と悪い場合を説明する際に，良い場合はカラーの写真やイラストで表現し，これに対して悪い場合はモノクロの写真やイラストで表現するといった方法です。このように2つを対立させることで強調したい部分を明らかにすることができます。

ポイント
・スライドを使ったプレゼンテーションでは視覚的に情報を聴衆に伝えられる利点を活かす
・聴衆の立場にたって色使い，フォントの大きさ，カラー・モノクロを工夫する
・見やすさや工夫の適切さは実際に誰かに見てもらい意見を参考に修正する

［29］写真やイラストを活用する

　何かを説明しようとした時に言葉だけでは伝わりにくいことも，1枚の写真やイラストによって簡単に理解してもらえることがあります。これは聞き手は視覚や音声，そして言語による情報を統合し，説明内容をより深く理解することができるからです。聴衆は言葉で説明されたことについて具体的にイメージが湧かないと，「何だろう？」とそのことが気になってしまい，理解が遅れてしまいます。言語情報からイメージを膨らませるのが得意な人と不得意な人がいますが，写真やイラストなどはそのものが視覚情報なので，具体的なイメージを共有しやすいという利点があります。言葉は詳細な説明に適しているのに対して，写真やイラストは全体的・具体的なイメージ共有するのに適しています。したがって，図表と同様に，写真やイラストなどを用いた視覚情報を効果的に使うことはプレゼンテーションにおけるわかりやすさを高めるために重要です。

　写真は誰かが撮影したものと，自分が撮影した写真を使う場合があります。人が撮った写真を使う場合は，必ず著作権や肖像権などを確認し，許可が必要な場合は許可をとってから使用し，その旨をスライドに明記しましょう。自分で撮影する場合は，撮影しようとする人，モノ，場所などの肖像権に注意し，必ず撮影の許可を得てから撮影をするようにします。実際にプレゼンテーションを準備し始めて写真を使いたいと思っても，都合のよい写真がないということもあります。後で撮り忘れたことを後悔しないように，活動の記録として常々写真に収めておくとよいでしょう。

　発表内容そのものではない写真をイメージとして使用する場合もあります。その写真によって大まかにこういった感じだというイメージを伝える際に有効です。これは写真ではなくイラストを使用しても効果的です。例えば楽しいという話をする際に，楽しんで喜んでいる人の写真やイラストを使うなどです。このような写真やイラストがなくとも説明することができますが，写真やイラストを付け加えることで聞き手にその感情をより強くイメージさせることができます。また人が話を聞いていると飽きてしまうので，時々写真やイラストがあるとプレゼンテーションにメリハリが生まれます。

　写真やイラストをスライドに挿入する際に，気をつけるべきことを2つ説明します。1つは上記にも触れた著作権・肖像権の問題と，引用・出典を明示しなければならない点です。オンラインなどで検索して見つけた写真は必ず使用ルールを確認して使用するようにします。また自分の写真を使う場合も，写真に写っている人に使用の許可をとります。不特定多数の人が映り込んでいる場合は，解像度を下げて個人が特定されないようにしたり，モザイクをかけるなどして配慮しましょう。様々な問題が生じることを考慮して，写真やイラストは発表でのみ使用し，配布する資料に含めない方法もあります。2つ目の注意事項は解像度です。携帯やパソコンでは綺麗に見えても，大きなスクリーンに映し出すと環境の影響でぼやけて見えることもあります。拡大・縮小する際には縦横比を維持し，サイズを変えたい場合はトリミングをするときれいに調整することができます。

 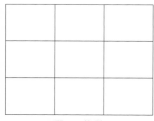 

図a　全画面　　　　　　　図b　複数　　　　　　　図c　透過

図29　写真やイラストの様々な活用方法

写真やイラストを使用する時は画質に注意します。

　写真やイラストの貼り付け方法については，情報を最大限に活用するにはスライドの全画面で1枚の写真を貼り付けるとよいでしょう（図29a）。初めてその写真を見る人にとってはそれが何の写真かをつかみ，理解するには時間がかかるものです。また遠くに座っていると光の具合などでよく見えない場合もあります。写真をしっかり見てもらいたい場合は大きく拡大し，さらに写真に集中してもらうように文字も少なくして大きく映し出します。

　また複数の写真を並べるという方法もあります（図29b）。人によってイメージが異なる時に，それぞれがイメージしそうな写真を選びサイズをそろえてスライドに貼り付けます。この場合もスライド1枚全体を使って複数の写真を載せるとよいでしょう。綺麗に縦横同じ比率で写真が並ぶと視覚的にも綺麗です。例えば旅行の話をする場合，旅行といっても海外旅行と国内旅行があり，またその行先で楽しいことも人によって様々です。その場合に，ハワイ旅行の写真だけ載せても興味をもってもらえない人が出てきます。そうならないために，ハワイ旅行の写真もあれば国内の温泉旅行の写真や，また場所だけでなく風景や食べ物や，アクティビティなど，より多くの人が興味をもってもらえるような写真を複数用意します。そうすることで聞き手が共感するポイントを増やし，最終的には説得力を高めることができます。

　この他，写真に透過機能を使うとメリハリが生まれます（図29c）。透過機能とは，画像や文字などを透明にしたり，半透明にする加工のことです。写真の場合は，写真そのもの自体が貴重な情報になりますが，それを半透明にして情報量を少なくしたうえでそれを背景にして，文字を載せることでそのスライドのメッセージ性を強めることができます。文字と組み合わせる場合は写真の透明度によってその効果も変わってきます。複数の人に見てもらって見にくくないか，効果的に使えているかどうかを確認してください。また写真の不要な部分を切り取る加工の方法もあります。人物の写真だけを使いたい場合その背景を切り取るなどです。実際にプレゼンテーションを準備する際には写真1枚に時間をかける余裕はないかもしれません。普段から日常で目にする写真の加工方法に留意しておき，どのように作成するか調べておくとスムーズにプレゼンテーションの準備でも機能を取り入れることができるでしょう。

ポイント

・言葉で説明しにくいことは写真やイラストを用いてイメージを具体的に共有する
・写真やイラストを用いる際には，著作権・肖像権に注意し，引用・出典を明示する
・写真やイラストの加工，表示方法は他の人の意見を参考に効果的な方法を考える

---

[30] 学習を妨げるものは何か

　新しい知識や情報を取り入れ，考え方やモノの見方を変化させていく過程で，何かが学習を妨げることもあります。特にプレゼンテーションは言語，身体，視覚資料を用いた自己表現なので，これでいいのかどうか葛藤や不安はつきものです。「自分は何を学ぼうとしているか」「どのように学ぶか」という学習にプラスに作用する自己理解と同時に，「自分は何に不安を抱いているのか」「学習を妨げるものは何か」というマイナスに作用する自己理解を深めることが重要です。マイナス要因は意識的にも無意識的にも学習に大きな影響を及ぼします。どのようにやる気があっても，不安と心配に駆られて学習に専念できないようであれば成果は上がりません。

　学習を妨げるものを分析するためには，自分が求めている「プレゼンテーションの結果」とそれを達成するために遂行しようとしている「計画」を紙に書いて言語化してみましょう。プレゼンテーションの学びを全体的に捉えることで，学習を妨げる要因が明らかになるからです。例えばプ

レゼンテーションに取り組むことになったら，理想とするプレゼンテーションを考え，締切に合わせて逆算して準備を進めるなかで，進捗を見直します。自分が思ったペースで進められないことはよくあることです。アルバイトや他の授業で思った以上の課題が出ることもあります。また健康上の問題が生じ，通常のスケジュールで生活ができないこともあるでしょう。このように，心理的，物理的，環境的，時間的など様々な要因により学習が妨げられる可能性があります。その場合は，適宜，求める結果を変更し，現実的に可能な範囲でプレゼンテーションを仕上げていくことになります。できる範囲で課題を処理することは無理に頑張ってパニックになるより大事なことです。

　プレゼンテーションの計画を立てる際に，何をどのように進めていくのか準備の段取りをつけるだけではなく，何が妨げになりえるのかあらかじめ予測しておきます。これらの計画は頭で考えるだけでは詳しく考えることが難しいので，紙を使ってスケジュールを管理しましょう。A4サイズ1枚の白紙を使うことをお勧めします。細かく記入箇所が決まっている紙やスケジュール帳では，後から思いついたことを記入したり，図を書いたりする余白が少なく，自由な発想を書きにくいからです。紙に，自由に自分が望むプレゼンテーションのイメージや，どのように進めていくかについてマイナスの要素をブレインストーミングしてみましょう。このように見えないものを可視化することで整理し，対策を考えることができます。

ポイント

・「求める結果」と遂行している「計画」を可視化し，ずれがある場合は対策を考える
・学習を妨げる要因には，心理的，物理的，環境的，時間的など様々な要因がある
・プレゼンテーションは何が学習を邪魔するかについて予想することに役立つ

ステップ3：機能期

［31］信頼性を高める

　プレゼンテーションでは発表者自身と発表内容に対して聴衆に信頼してもらうことは重要なことです。どのようによい話でも不審が点があれば台無しになるからです。信頼とはその人を信じて頼っても大丈夫だと感じてもらうことです。嘘や偽りがない，だまそうとしていない，本当に気持ちを込めてその話をしている，長い間そのことについてよく考えて実践をしてきた，このようなことが聞き手が信頼を感じるポイントになります。以下に3つ具体例を挙げます。

　1つは実績です。「何かをやりたい」「こうあるべき」ということは誰でも簡単に言うことができますが，実際に何らかの行動が伴っているかどうかが評価されます。有名な賞を取ったというようなものではなくとも，小規模でも自分で考えて行動に移し何らかの成果を得たという経験が重要です。行動の大小にかかわらずどのような思いでそれを行動に移し，そこから何を得たのか話すことができれば聞き手は納得してくれるでしょう。誰かが言っていることをコピー＆ペーストしてそれをまねているだけ，その人自身の考えと行動が伴わない話は口先だけの人として信頼を損ねてしまいます。

　2つ目は客観的な根拠です。聴衆は発表者の主張に対して「なぜそう言えるのか？」その判断の根拠となった情報や事柄について知りたいと思っています。特に異なる主張をもつ人にとって，なぜそう考えたのかの理由がわからなければ納得することは難しいからです。自分の考えを聞き手に理解してもらうためには，判断材料を提示し聞き手自身に判断してもらうことで説得力を高めることができます。そのための根拠は客観的なものである必要があります。普段のコミュニケーションでは個人的な主観に基づく根拠でも問題ありません。また圧倒的な実績や経験をもつ人であれば

その人の個人的な経験に基づく根拠は重要な意味があるでしょう。しかし，一般的なプレゼンテーションで多様な人々に納得してもらうためには，誰でも参照できる客観的な根拠が必要になります。

　客観的な根拠の中で最も使われるのは科学的な根拠です。研究によって得られた知見を根拠に示すことで，自分の主張がデータによって裏づけられていることを示すことができます。科学的根拠を示す場合は，いつ誰がどの論文誌にどのようなタイトルで示したデータか出典を必ず示します。複数の根拠がある場合は，例えば，（中野，2020）のように氏名と発行年などで簡略化したものをそのスライドに示し，最後のスライドに参考文献や引用文献としてプレゼンテーションで使用した根拠の情報をまとめて示します。この他，統計・調査データや，著名な人が言っていたこと，実際の利用者の声も客観的な根拠に含まれます。データを加工し，解釈した資料も多く存在するため，データとその人の意見を区別するために元のデータにアクセスすることが大事です。

　著名な人が言っていたことについては，その分野の専門家であったり，その主張の根拠とするに相応しい実績や経験がある人を取り上げるとよいでしょう。その場合，その人がなぜ根拠となりえるのかについて言及することも重要です。全員がその人の功績についてよく知ってるという状況を除いて，聞き手はなぜこの人が言っていることを引用しているのか理解できません。そうすれば根拠として十分に機能しなくなるからです。経験者の声については，データではカバーできない個人の思いを理解することで感情的な部分の情報が追加され，結果として深い理解につながります。経験者は複数いる場合が多いため，全体の傾向として平均値などで数値を示すことができます。これに対してその平均からは見えにくい部分，特に発表者が強調したい部分については一人一人の声明を取り上げるとよいでしょう。例えば平均としては可もなく不可もなくという結果が出たとしたら，すごく良かったという回答している人とすごく悪かったと回答している人の声を取り上げることで，平均すると埋もれてしまう両端の意見を紹介することができます。その際に，平均的な意見を取り上げて数値と声明の関係について示しておくと具体的なイメージをもってもらうことができます。

　3つ目は誠意です。誠意についてはどれだけそのプレゼンテーションの内容や聞き手のことを一生懸命考え，準備し，どのような思いで聞き手にそれを伝えているかということです。プレゼンテーションはどのような形態であれ聞き手の時間を割いてもらっておこなうものです。したがって聞き手は何か自分のためになった，自分にとって有意義な時間だったと思いたいものです。その前提に立つと，すでにその内容を知っていたとか，プレゼンテーションをする人自身がやる気がないのではないかという疑念を持たれると信頼が損なわれてしまいます。そうならないためにも，どのような思いでそのプレゼンテーションをおこなおうとしているのか背景と目的をしっかり構成すること，わかりにくいところがないように全体的に配慮して，常に聞き手を意識しながら話をすること，そして時間のマネジメントに不備がないように，また明らかな準備不足によるミスがないように入念に準備をすることが大事です。プレゼンテーションの最後には，「ご清聴ありがとうございました」と聴衆に感謝するとともに，事後にも非公式な形でも直接，開催者や聴衆にお礼を伝えると気持ちが伝わります。

> **ポイント**
> ・プレゼンテーションでは聴衆の信頼を得る努力が必要
> ・プレゼンテーションの信頼性を高めるために，実績，根拠，誠意を大事にする
> ・プレゼンテーションが終わったら，聴衆や協力してくれた方々に感謝する

[32] 自己を理解する

　プレゼンテーションには自分について考えたり，知っておくことが求められます。テーマの選択段階で「自分に興味関心がある内容は何か？」という問いに加えて，答えがないなかで準備し判断を重ねていく過程でも，「私はこれでいいと思っているのか？」と問い続けます。プレゼンテーションは自分そのものと言っていいくらい，発表者の考えや価値観，経験を反映したものになり，自分とプレゼンテーションの内容を関連づけるからこそ，他の人にはできない自分自身のオリジナリティを高めることにもつながり，発表の価値も上がります。

　自分を理解することは心理学では「自己理解」とも表現されます。自己について理解を深める際に，図30に示した「ジョハリの窓」の4つの分類が役立ちます（榎本，2010）。自分にわかっている自分は，「Ⅰ公開された自己（開放の窓）」(open self)，「Ⅲ隠された自己（秘密の窓）」(hidden self) の2つがあります。一方，自分にはわかっていない自分については，「Ⅱ自分は気がついていないものの，他人からは見られている自己（盲点の窓）」(blind self)，「Ⅳ誰からもまだ知られていない自己（未知の窓）」(unknown self) があると考えられています。以上の4つの枠は全体の大きさは変わらず，どれか1つが大きくなれば残りの割合が小さくなります。

　プレゼンテーションは自分と他者で共有されるため，この枠組みでは「公開された自己」と「自分は気がついていないものの，他人からは見られている自己」が直接的に関係します。自分を知り，それを表現するということは，開放の窓を大きくすることになります。逆に，「盲点の窓」が大きい，つまり自分にわかっていないことで他人がわかっている方が多いと，自己評価と他者評価とのギャップが大きくなります。また，プレゼンテーションの準備段階で「誰からもまだ知られていない自己」を発見する機会を活かし，自分が意識的に理解していない自分に気づくことがプレゼンテーションのオリジナリティを高めるうえで重要です。

ポイント
・プレゼンテーションは，自分が気づいていない部分について他者からアドバイスをもらうことでオリジナリティを高めることができる
・自己理解にはジョハリの窓の枠組みが役立つ
・自分が知っている領域を大きくし，自分が知らない自分を発見する機会にする

---

[33] オリジナリティを高める

　プレゼンテーションにおいてオリジナリティをいかに示すかは重要な課題です。オリジナリティを発揮できる部分はプレゼンテーションに散りばめられていますが，本項では「誰のオリジナリティか？」と，「オリジナリティの出し方」について述べます。

　1つ目の「誰のオリジナリティか？」については，メッセージを発信する人と受け取る人との関係で決まります。プレゼンテーションの責任は誰にあるかを考えてみます。例えば，研究室を代表して発表する場合は自分一人のオリジナリティを出すのは控えた方がよいでしょう。「わたしたち」を代表した「わたし」ということになります。一方で，自分の貢献を発表するようなプレゼンテーションでははっきりと自分自身のオリジナリティを主張する必要があります。自分の貢献や自分しか話せないことを，自分のやり方で，自分の個性が最も際立つ方法で発表してみましょう。「なぜ自分がこのプレゼンテーションをしなければいけないのか」というミッションや目的を突き詰めると，自ずとオリジナリティの表現方法が明らかになるでしょう。

　2つ目の「オリジナリティの出し方」については「守破離」の考え方が参考になります。守破離とは，型を守り，型を破り，型から離れるという伝統芸能などの分野で使われる考え方です。技能

図30　ジョハリの窓

を習得する際に，最初から自由にふるまっては我流で終わってしまいます。これまで受け継がれて基礎として必要だとされる型に沿ってまずやってみることが型を守るということです。そして型を繰り返し練習しながらも，試行錯誤の過程で他の方法を試し，関連づけることによって型にはまらない部分を発見します。これが型を破る段階です。そして，最後に試行錯誤の経験を通して自分に合った型を生み出すことが，型から離れるということになります。このように，基本から出発しつつもそれを繰り返し鍛錬することで絶え間ない自己との対話から新しい型が創られる，そのことがオリジナリティとなって他者に評価されます。ゼロから自分を表現するのではなく，従来のやり方を踏襲したうえで自分はこうした方がよいという別の選択肢に到達できるのです。プレゼンテーションでは，型になるようなノウハウが示された書籍やウェブサイトが多数存在します。その中から自分がよいと思うものをまずは模倣してみて，違和感を感じるところは試行錯誤を通して自分で工夫していくとよいでしょう。他者のプレゼンテーションをたくさん見ることで，自ずと自分らしいプレゼンテーションが見えてきます。

> **ポイント**
> ・誰のオリジナリティを示すべきかは発表者と聴衆の関係で決まる
> ・オリジナリティは，守破離の段階を経て高められる
> ・プレゼンテーションではまずは誰かのやり方を模倣するところから始める

[34] 自己モニタリング

　プレゼンテーションは自分の考えをただ聴衆に伝えるのではなく，自分のプレゼンテーションが他者にどう見えているのか，自分は自分が思うように動いているかを適切にモニターする自己モニタリング能力が必要となります（宮本・中野，2012）。ここでは，「目標の記録」と「他者の目」の重要性について述べます。

　1つ目の「目標の記録」は自分でできることです。プレゼンテーションをただ漠然とおこなっても自分をモニターする動機も生まれませんが，細かく目標を決めすぎると楽しくなくなってしまいます。経験がある学習者であれば，何でもいいので目標を1〜3つ挙げてみましょう。経験がなく

目標を立てるのが難しい学習者は，大きく「伝え方」「内容」について2項目に分けると考えやすいです。そしていったん目標を立てたら，準備段階で絶えずその目標に近づいているか，自分の準備状況を自分に問い，できるだけ具体的に記録していくとよいでしょう。例えば，「わかりやすく伝える」という目標を立てたとすれば，○月○日のメモには，「スライドの文章をわかりやすくするために表を作成した」「聴衆の立場にたってスライドを見直して，専門用語を簡単な言葉で言い換えるようにした」などが考えられます。またそれに伴う気持ちや気づきについても，「少し不安が少なくなってきた」「楽しみになってきた」「意外に得意なことに気づいた」などと書けるとよいでしょう。このように準備段階で目標と現状を比較し，今日できたことを記録することで目標に向かっているという自信を身につけることができ，それが結果としてよい成果に結びつきます。それだけ，プレゼンテーションの準備段階では自己との対話が重要です。

　次に「他者の目」について述べます。上記に述べた目標達成までの自己との対話は極めて重要ですが，自分で自分を評価すると他者評価とはずれが生じることがあります。プレゼンテーションにおいて自己認識と他者認識のずれはいつも起こりえるもので，いかにしてそのずれを最小にするかという努力も重要です。そこで必要となるのが先生やクラスメート・友人，家族からのアドバイスです。先生はその分野のエキスパートなので，困ったことがあればやり方を教えてくれるでしょう。アドバイスを求めることで自分の理解の幅の狭さや偏りに気づくことができます。クラスメート・友人に率直な意見を求めると，自分の認識のずれの解消に役立つはずです。耳の痛い意見もあるでしょうが，それを1つの意見として受け止めて何か取り入れることができないか考えるのもプレゼンテーションの教育的な利点の1つです。最後に，家族からのアドバイスも重要です。家族は先生やクラスメート・友人と違ってそのプレゼンテーション学習の場を共有していません。だからこそ，外から見て「よくわからない」「おもしろそう」という客観的な印象を聞くことができます。このように「よく知らない人もわかる」ことを目指すのがプレゼンテーションをより良くする秘訣です。聴衆は必ずしもその話題についてよく知っている人ばかりではないので，様々な人にアドバイスを求めるとよいでしょう。筆者の調査でも，プレゼンテーションが上手な学習者ほど，よいライバルがクラスにいて，意見交換していたり，兄弟や両親に聞いてアドバイスを求めていることがわかりました。それほど，プレゼンテーションは一人ではわかりやすいものにはなりにくい協同性の高いものなのです。他者の視点から自分を眺める習慣をつけましょう。

> **ポイント**
> ・プレゼンテーションでは絶えず自分のふるまいをモニターすることが重要
> ・自己モニタリングには，目標を立ててその過程で記録を取ることが役立つ
> ・自分の理解が他者から見てずれがないか，周囲の人の協力を得る

[35] 他者の力を借りて問題を解決する

　プレゼンテーションは個人発表かグループ発表かに関係なく，一人では解決が困難な問題や疑問が生じるものです。このような状況に直面した時は，自分でまず考えてみて，それでも解消されない場合は気軽に他の人に意見を聞いてみましょう。ここでは「気軽に」というのが重要です。というのも，大きな問題は別として小さな疑問の場合は「まあ，いいか」と深く考えずに流したり，自分ができることで済ましてしまうことは少なくなりません。もし誰かの意見を聞いてアドバイスをもらったり，より効率的な方法を教えてもらったりすれば，それを取り入れることによって考え方やスキルがどんどん向上していくからです。これは，[4]「プレゼンテーションの先達を見つける」(☞ p. 32 参照)とも関連しています。

　プレゼンテーションでは経験や知識を問わず自分以外の人の意見は貴重な資源となります。質問内容は「ここがわかりにくいと思うけど，どうかな？」「フォントの大きさはこれでいいかな？」というような些細なものから，「構成がわかりにくいかな？」「テーマを変えた方がいいかな？」といったプレゼンテーション全体に関わるものまで，少しでも疑問が生じたら他者に意見を求めてみてください。その結果，「変えた方がよい」「変えない方がよい」など大多数の意見がどちらかに偏ることもあれば，意見が2つに割れることもあります。賛否両論ある場合は複数の人に聞いたり，プレゼンテーションをよく知っている人と，あまり知らない人などに分けて経験や知識の違いによって意見が異なるかを分析するのも勉強になります。プレゼンテーションは聴衆に聞いてもらうものなので，準備段階から積極的に他者の意見を取り入れる必要があります。意見を聞いた後に決定するのは自分自身ですが，一人で悩むより根拠があると判断材料が増えますし，何より他者の意見を踏まえて決定するそのプロセス自体がプレゼンテーションの説得力を高めます。

　直接，誰かに尋ねて問題解決するだけでなく，他者のプレゼンテーションから見て学ぶこともできます。プレゼンテーションでは自分の得意なところを活かすことが重要だとこれまで述べてきましたが，他の人も同様にその人の得意なところを活かしてプレゼンテーションをおこなっています。その人が得意な部分とプレゼンテーションを結び付けて考えると，アプローチや方法の多様性に気づくことができるでしょう。伝え方が上手な人もいれば苦手な人もいるように，調べるのが上手な人もいればそうでない人もいます。人それぞれに得意なところと苦手なところがあるからこそ，その人しか作れないプレゼンテーションができます。このような分析力はプレゼンテーションを評価する力を養うことにつながります。得意な点は他者に教えたりアドバイスして他者のプレゼンテーションに貢献しながらも，苦手なところや困っている点については積極的に意見やアドバイスを求め，他者から学び，問題を解決しながら完成していくのがプレゼンテーションの学習の醍醐味です。重要なことは，他者に聞いたり他者から学ぶための時間的余裕をもっておくことです。時間がないと自分の考えだけで押し進めてしまいがちです。軌道修正や意見交換に備えてスケジュールを立てておきます。具体的には早めに少しずつ始めるということと，プレゼンテーションの問題解決には人の意見を取り入れることが不可欠であるということを覚えておいてください。

> **ポイント**
> ・プレゼンテーションを通して問題解決能力を育むことができる
> ・些細なことでも他者の意見を聞いて参考にする
> ・余裕のあるスケジュールを組み，貴重な他者の意見をできるだけ取り入れるという姿勢が重要

[36] 競争ではなく学習プロセスに向き合う

　プレゼンテーションの良い／悪いは，他の発表者と競争し，より良い評価をもらえることだと思っている人もいるかもしれません。確かに，コンテストのように順位がつけられる場では競争が求められるプレゼンテーションもあります。人生のどこかで競争のプレゼンテーションをしなければならないこともあるでしょう。しかし，本書が目指す創発型のプレゼンテーションは競争ではなくプロセスを重視しています。学生時代のプレゼンテーションの学習では，競争を念頭においてはゆっくり自分と向き合うような学びは難しくなります。なぜなら，結果として他者に勝つことと，自分自身の理解を深めながらプレゼンテーションのスキルを段階的に伸ばすプロセスとは別物だからです。ここでは，なぜ競争ではなく学習プロセスを重視すべきかについて3つに分けて詳しく説明します。

　1つ目は，学習の焦点が変わるということです。競争のプレゼンテーションでは，期待される成

果やどのような人が競争相手で，どのようなプレゼンテーションを準備しているかなど，自分の外側にいる人について分析することに時間をかける必要があります。集団の中で秀でていると評価されないといけないからです。一方，創発型のプレゼンテーションは試行錯誤のプロセスの中で自分の考えやパフォーマンスを注意深く見つめ，より良くしていくためのヒントを探し実行することが求められます。長い目で見ると，大学生は発達の途中にあり短期的に他者に勝つよりも，もし負けたとしても自分なりの学びを深めていく方が大きな成長につながります。

　2つ目は，自分と向き合う時間が減ることです。競争に勝つためには，勝てるようなプレゼンテーションを作らなければなりません。そのプレゼンテーションは，本当は自分の意見とは違ったり，違和感を持ちながら作業を続けなければならないこともあるでしょう。上記に述べたとおり，競争は他者との比較になるため，他者に評価されるプレゼンテーションは必ずしも自分が創りたいプレゼンテーションとは一致しません。競争に関心が向かうと，自分が伝えたいことに時間をかけることが難しくなります。このような準備を繰り返していると，創発型のプレゼンテーションができることすら忘れてしまうことになります。

　3つ目は，プレゼンテーションを通して他者と協力して学ぶことが難しくなることです。例えば，クラスで競争をするということになればライバル同士ということになり準備段階でお互いに意見交換をしたり，アドバイスを与え合うことは困難になります。プレゼンテーションが終わった後も，勝敗がつくと振り返りの中で他者から学び合う雰囲気をつくりにくくなります。プレゼンテーションは自分を表現するとともに，他者の異なる考えを尊重できる貴重な場です。競争によって貴重な学習の場の雰囲気を損ねてしまう問題が生じます。また，プレゼンテーションの評価は好みに関わる部分も大きいため，一定の水準を満たした競争においては誰が評価するかによって結果も変わります。評価結果は不安定で暫定的なものです。したがって，評価結果に一喜一憂せず，よくするために学習者同士で協力し，優劣を競うのではなく，次の機会につなげるためのフィードバックをおこなう場とするのが望ましいです。

ポイント
・競争型か創発型かでプレゼンテーションの学習の焦点が変わる
・プレゼンテーションの学習では他者との競争を意識すると自分が伝えたいことに集中する時間が減る
・プレゼンテーションの評価は暫定的なもので，そこから次の経験に活かせるフィードバックを得ることが最も重要

[37] 聴衆を分析する

　プレゼンテーションをわかりやすいものにするためには，聴衆分析が欠かせません。聴衆分析とは，どのような人が聴衆かを想定し，その人たちの知識，関心，情報処理能力を想定してプレゼンテーションを作成することです。聴衆一人一人を把握することは不可能なことも多いですが，大多数の人たちの傾向を大まかに検討し，その分析結果に合わせて内容を構成し，少数派の聴衆については補足説明を入れたり，資料で補ったり質疑応答で答えるなどフォローすることができます。聴衆分析をしていないと，自分が伝えたいことをまとめただけのプレゼンテーションになり，実際の本番では聴衆に理解してもらえなかったということが起きえます。聴衆分析をせずにプレゼンテーションを準備して，たまたまわかってもらえることはほとんどないと言ってもよいでしょう。

　聞き手には様々なニーズがあります。例えば講義中に学んだことについてプレゼンテーションをする場合は，先生は成績をつけるために「講義内容が理解できているか」確認したいというニーズ

があります。学習者の立場で考えてみると，「発表内容で良いところはまねしたい」「クラスメートがどのようなことに興味があるのか知りたい」という先生とは別のニーズがあります。この場合は，評価者である先生のニーズに応えることが最優先になりますが，一部の特定のニーズに応えるのと同時に，他のニーズも満たせると多くの人に魅力的なプレゼンテーションを作ることができます。また就職活動のプレゼンテーションであれば，人事担当者はテーマの内容云々より「この学生を採用するかどうか」の判断に必要な根拠を集めたいというニーズがありえます。サークル紹介であれば「怪しい団体じゃないか知りたい」「入部にデメリットはないか，メリットがあるかどうかを知りたい」ということになるでしょう。ただ自分の言いたいことを伝えるだけでは聴衆のニーズを無視してしまうことになります。時には発表者にとってネガティブと感じられるニーズ，例えば「早く終わってほしい」「あまり興味がないから聞きたくない」も想定することも大事です。プレゼンテーションの内容を考える前に，聴衆がどのようなニーズをもっているかを分析し，プレゼンテーションに組み込みます。「○○について知りたいと思っている方も多いと思いますので，○○について説明します」などのように，説明やスライドで，個別のニーズに応えていることを説明するのも聴衆とのコミュニケーションが深まり効果的です。

ポイント
・プレゼンテーションでは聴衆がどのようなニーズをもっているか想定する
・立場や好みによる聴衆の多様なニーズの中で多数を占めると考えられるニーズを中心に話に組み込む
・聴衆のニーズについて具体的にプレゼンテーションで言及すると効果的

[38]　少しずつ聴衆を増やす

　発表本番の聴衆の数は状況によって異なります。ゼミや少人数のグループでのプレゼンテーションでは，教師と他の学習者を合わせて10人以下ということもあります。授業であれば20〜50人程度，多い場合は100名を超えることもあるでしょう。卒業研究発表や学会発表のプレゼンテーションのように発表件数が多い場合は複数の教室に分かれて同時進行でおこなわれることもあります。その場合は全体の聴衆が多くても分散するので，1つのプレゼンテーションの聴衆はそれほど多くないこともあります。このように自分のプレゼンテーションに何人聞きに来るかは，過去の例から予測することはできますが，実際には会場に入って発表が始まってみなければわからないものです。なぜなら，発表時間前に来ている人もいれば，始まってから遅れて来る人もいます。また他のプレゼンテーションを見に行くなどの理由で途中で出ていく人もいます。大事なことは聴衆が少なくても多くても，途中で増減があっても，周りに振り回されずに自分のペースでプレゼンテーションができるように準備をすることです。

　聴衆が多い方が嫌だと思う人は多いかもしれません。聴衆が大多数の中で自分一人で発表するのは孤独を感じて緊張すると思う人もいるでしょう。しかし大多数だと聴衆の顔があまり見えないのが楽だという考え方もあります。5人や10人の前で発表すると，聴衆との距離も近くなりがちで，顔がよく見えるので表情や動きが気になってしまうという人もいるかもしれません。聴衆がしかめっ面をしていても，お腹が痛くてそうしているだけで，その発表が面白くないわけではないこともあります。大事なことは思い込みで不安を増大させないように練習をして，対策を立てることです。そこで聴衆が何人でも対応できるように，少しずつ聴衆の数を増やして練習をしてみましょう。

　聴衆ゼロ：一人で練習します。恥ずかしいかもしれませんが，鏡を見て練習するのも自分の発表

の様子を確認することができて効果的です。発表している姿を録画したり，録音すると後から見直す時に参考になります。

　聴衆1人：2人組で発表を聞き合います。聞き手は1人なので通常の会話とあまり変わらないことに気づくでしょう。1対1だと相手は集中して聞いてくれるので，プレゼンテーションとしてはやりやすいはずです。

　聴衆2人：3人グループで発表を聞き合います。聞いてくれる人が2人いる状況でのプレゼンテーションです。聴衆1人の場合とは異なり，2人の顔や様子を交互に見なければならないので，アイコンタクトに気をつける必要があります。どちらか一方を見つめすぎたりしないように，たまに目線を外すなど自然なバランスに注意しましょう。また2人いると反応も違いがあるでしょう。1人は目をじっと見て1人は俯いたままということもあります。このような状況でも自信をもって伝えられるように練習します。

　聴衆3〜5人：少し大きなグループで発表を聞き合います。ポイントは上述の聴衆2人の場合と変わりませんが，聴衆の数が2倍程度増えることになるので，聴衆の反応に多様性が生まれます。偏りなく聴衆全体を見回せるようにアイコンタクトの練習をしましょう。

　聴衆多数：6人以上の大きな集団で話をする機会となります。大人数の規模であれば席が2列3列になることも多いので全員の顔が見えているわけではありません。聴衆を塊として捉えて，一人一人の目を見るというよりは，空間全体を見渡して，右前，右横，真ん中，などセクションに分けて複数人まとめてアイコンタクトをとるとよいでしょう。多数の聴衆の中でどのようにすれば自分が心地よく話せるか工夫してみます。肩の力を抜いて人によっては歩き回ったり，聴衆の近くに行って質問をおこなったり，あるいは定められた場所から離れないなど立ち位置や移動についても考えてみましょう。

　上記に述べたとおり，聴衆ゼロから多数まで段階に分けて聴衆を増やしそれぞれの特徴をつかむことでどのような人数規模にも対応する経験を積むことができます。重要なことは相手が何人かにかかわらず常に自分のプレゼンテーションに集中しつつ，アイコンタクトをしっかり取り，聴衆とのコミュニケーションを楽しむ余裕をもつことです。異なる状況での経験が応用力につながっていきます。

> **ポイント**
> ・聴衆の人数は本番がはじまってみないとわからないため，どのような人数の聴衆でも対応できるようにする
> ・聴衆が多い少ないによって，プレゼンテーションの仕方やポイントが異なる
> ・聴衆の人数にかかわらず，適切にアイコンタクトをとり，自分が心地よく話せるように工夫する

［39］「見る」と「考える」の2つのモードを使い分ける

　プレゼンテーションは言語情報，音声情報，視覚情報を組み合わせた総合的なコミュニケーションです。プレゼンテーションの説得力を高めるためには，情報を伝達するだけでなく聴衆本人にも考えてもらう必要があります。ただ情報を一方向的に発表者から聴衆へ伝達するのではなく，聴衆と一緒に考えていく双方向性が重要です。そのためにはプレゼンテーションの利点である視覚情報を効果的に使い，メッセージを組み立てることがプレゼンテーションの醍醐味であると言えるでしょう。本項では「見る」と「考える」という2つの異なるモードに着目し，それぞれの利点と考えるべきポイントを以下に挙げます。

　聴衆が視覚情報を受け取る「見る」のモードの利点は，その場で直観的に即時に何らかの感情を引き出すことができる点です。そのためその人がもともともっている考えや価値観に影響を受ける部分が論理よりも少なくなります。例えば，もし海外は行きたくないと思っていたとしても，楽しそうな海外の写真を提示することで，「いいな」という反対の感情を呼び起こすこともできます。このように視覚情報の効果は抜群で，視覚情報から得たイメージによって考えるモードの情報を理解する助けになることがあります。一方で見るモードの問題点は，考えるという動作を含まなければ深く理解してもらうことが難しいことです。その瞬間では感情が動いたとしても，その効果は長続きしない場合もあります。その人が視覚情報だけで心から納得するのは難しいでしょう。

　聴衆が「考える」モードの利点は，根拠を提示し自分の考えを聞き手に論理的に理解してもらえることです。自分の考えと発表者の考えはどう違うのか，それにはどのような理由や根拠があるのかをじっくり考えてもらうことで納得してもらうというゴールを達成しやすくなります。発表中に聞き手に質問することが効果的なのは，質問されるとその答えを考えるためです。質問によって「考えるモード」に切り替えられます。一方，「考える」モードの問題点は，人によって考える力や必要な時間に差があることです。すぐにたくさんのことを考えることができる人もいれば，1つ1つゆっくりとしか進められない人もいます。聞き手がどのように「考える」かは発表者は想定するしかありません。発表者と同じ組織や所属の人はある程度自分と似たような人たちと想定することができますが，所属や年齢などが異なるとこのモードの個人差は広がるばかりです。したがって，聞き手がどの程度のペースで自力で考えるかを想定し，順を追って丁寧に説明する工夫が求められます。また個人差に対応すべく詳細の資料を用意するなどの配慮も必要です。

　以上に述べたように，「考える」モードも「見る」モードもどちらも利点と問題点があり，相乗効果によって最大限効果を発揮できることもあれば，残念な結果になることもあります。自分はこのスライドで聞き手にどちらのモードで理解してもらおうとしているのか，どちらかに偏っていないか，偏っている場合はバランスをとる方法についても考えてみましょう。

ポイント
・視覚情報を効果的に使うことがプレゼンテーションの醍醐味
・聴衆に情報を「見てもらう」か，「考えてもらう」か，2つのモードを切り替えて理解を深めてもらう
・「考える」モードでは理解力の個人差に配慮する

[40] 図表の作成

　プレゼンテーションではデータを使う際に図表でまとめることも多くあります。説明が難しいことでも図表1つで理解ができるということも少なくありません（☞ p. 86 視覚情報）。どのような図表が適しているかは発表の場によって異なります。カジュアルなプレゼンテーションであれば，図表の作成方法について特に決まっていないことが多く，聴衆の理解度や内容との関連を考えて自分で作成することになるでしょう。一方，学会発表などの専門性の高いプレゼンテーションでは，図表の作成方法について厳密なルールが存在します。まずは自分が発表しようとしているプレゼンテーションの前例をいくつか調べて，どのような図表が使われているか共通点と相違点を発見します。そして，共通点が見出された部分は同じ方法で作成し，人によって異なる部分は経験者や先生に尋ねて意見をもらうとよいでしょう。いずれの場合も，過去の事例を参照し，経験者に質問をして，どれくらい制約があるのかを確認してから作成することが大事です。

　状況を問わずプレゼンテーションにおける図表作成に共通する点として，「見やすさ」「わかりや

すさ」が挙げられます。せっかく図表を作るなら，文章で説明するよりもわかりにくくなってしまっては意味がありません。基本的に図表はスライドにつき1つが望ましいでしょう。2つ以上の図表が1つのスライドにあると，聞き手は興味を惹かれたところから見てしまい，発表者が説明している内容と聴衆が見ている図表が違うという状況が起こります。聴衆に内容を理解してもらうためには，聞き手の視線を誘導しやすいように，情報を複数入れないようにして，シンプルに見せるなどスライドを作成する際に工夫します。また図表でどのような色を使うかも見やすく，わかりやすいプレゼンテーションでは重要なポイントです。図表の美しさも大事ですが，プレゼンテーションの目的は聴衆にわかりやすく伝えることなので，時には美しさよりもわかりやすさを優先することもあるでしょう。よくある問題として，使っている色や文字が多過ぎることがあります。作成者は詳しくカラフルにすることでわかりやすくしようとしていると思いますが，逆に情報量が多くなります。先に述べたように，情報過多はプレゼンテーションの理解を妨げる大きな問題なので，示す情報を絞り，見てほしいところだけに色を変えたり，色の数を制限し，それぞれの色に意味を持たせるとよいでしょう。例えばグラフで言うと，今年のデータは青，去年のデータは緑など年度によって色を変えるなどです。これはスライド中の文章の色使いとも共通しますが，いかに読ませずに直観で理解してもらえるかということを考えながら作成します。余計な情報は思い切って削除することも重要です。ただし，削除し過ぎてわからなくならないように，また質問が来ても回答できるように，加工前の元データは補足資料として保存しておきます。

ポイント
・図表作成におけるルールや制約はプレゼンテーションの場によって異なるため，前例を参照したり人にアドバイスを得る
・図表で示すには「見やすさ」「わかりやすさ」が重要
・「見やすい」「わかりやすい」図表を作るためには，情報過多に注意する

ステップ4：統一期

[41] メンタルトレーニング

　メンタルトレーニングは，国際メンタルトレーニング学会によると「身体的な部分にかかわらないすべてのトレーニングであり，ピークパフォーマンスとウェルネスを導くための準備のこと」と定義されます（日本メンタルトレーナー協会，2022）。プレゼンテーションにおけるピークパフォーマンスとは，そのプレゼンテーションの状況で求められるスキルを最大限に発揮できることです。そのためには，状況を適切に理解し，必要なスキルを分析・判断し，それを発表本番で発揮できる力が必要です。またウェルネスとは，より良く生きようとする態度を指します。メンタルトレーニングにはパフォーマンスや人生を向上させるためのポジティブな態度や考え，集中力，メンタル，感情などが含まれます。以上より，プレゼンテーションにおけるメンタルトレーニングとは，状況にかかわらずプレゼンテーションで求められる最大限の力を発揮し，発表内容をより良くすることはもちろんのこと，プレゼンテーションの経験をより良く生きることに位置づける，前向きな態度と言えます。メンタルトレーニングのための状況理解，必要なスキルの分析については第2,3章で述べました（☞ p.6 プレゼンテーションの分類，p.22 並行反復学習を参照）。本項では，前向きな態度，考え，集中力，メンタル，感情について説明します。

　プレゼンテーションを学習する人にとって大きな関心事は緊張しないで発表できるかどうかということでしょう。様々な不安や緊張に対処することはメンタルトレーニングと密接に関連していま

す。誰でも人前に立って話す時には不安に苛まれて緊張するものですが，緊張自体は避けるべきものではありません。緊張するということはそのプレゼンテーションに対して本気で挑んでいることの現れです。聴衆から見ると本気で取り組もうとしている人に対して応援しようという気持ちも生まれてくるからです。したがって，プレゼンテーションで目指すことは，緊張しないようにすることではなく，緊張によってよく起こる問題をできるだけコントロールし，態度，考え，感情がマイナスの方向に傾かないように努力する必要があります。マイナスの方向とは，「もうやりたくない」と投げ出してしまったり，「どうにでもなれ」と自暴自棄になってしまうことです。マイナスの方向にいったん傾くと不安が増幅し，自力ではポジティブな方向に軌道修正しにくくなります。

　このような事態にならないためには，時間に余裕をもって計画的に準備に取り組みます。プレゼンテーションを通して何を学びたいのか，自分自身の目標を定めておくことも役立ちます（☞ p. 23 目標設定を参照）。また緊張自体は悪いものではないという認識と，マイナスの方向に傾かないように「何があっても自分のベストを尽くすだけ」とニュートラルな気持ちで取り組めるよう自分をモニターしておく必要があります。ここまでできたら，本番のリハーサルを2回繰り返すとやり残したことは少なくなるでしょう。他に不安なことはありますか？不安は他の人にとっては取るに足らないことも多いです。自分の不安について人に聞いてもらうと落ち着くことがあります。本番が近くなったら，「やり残したこと」ではなく「できたこと」を思い出して，頭の中をポジティブな気持ちで満たします。リハーサルではこの段階で「こういうふうに話そう」というイメージを膨らませます。並行反復学習法に沿って，失敗したとしても次の経験の糧になるという考えも楽になります。プレゼンテーションでは100点満点の完璧なプレゼンテーションをおこなうことはほぼ不可能なので，60点で合格点とするのも役に立つ考え方です。40点は失敗してもよいため，細かい点にとらわれずに，重要なメッセージに集中し，それを聴衆に伝えられたかどうかに焦点を当てましょう。

　発表当日の朝に慌てないために，特に前日の準備は重要です。発表の時に着る服の準備をして，当日の朝，悩むことがないようにそろえておきます。プレゼンターの身なり，服装，健康状態は第一印象を決めるうえで重要な手掛かりになります。発表直前では最初から最後までの流れを何度もシミュレーションします。全体を把握できると自信が生まれ，不慮の事態にも落ち着いて対処できるでしょう。時間が余った場合のために写真だけのスライドをいくつか用意したり，時間が足りなくなった場合は詳しい説明を省き，資料を読むように促すなど，場合別に対処を考えておくと安心です。

ポイント
- プレゼンテーションのメンタルトレーニングでは，状況にかかわらず最大限の力を発揮し，よりよくしていこうとする前向きな態度が重要
- マイナス志向にならないように，目標を立て，余裕をもって計画的に準備し，不安や緊張をコントロールする
- 直前のリハーサルでポジティブな態度，考え方を保てるよう調整する

---

[42] 1分で概要をまとめる

　プレゼンテーションの準備には，1つのアイディアから発表時間に合わせて肉づけをしていき，内容を膨らませたら，今度は減らしていくという作業が必要です。そうすることで，不要なものや冗長なものがそぎ落とされて，本当に必要なものだけが残りシンプルになることで，聞き手が理解しやすくなるからです。この過程を「洗練」と言います（☞ p. 81 アイディアを洗練させるを参

```
┌─────────────────────────────────┐
│ 1分でわかる概要                  │
│   1. 背景と目的                  │
│   2. 現状                        │
│   3. 特徴の描写                  │
│   4. 他の物との相違点            │
│   5. 課題                        │
│   6. まとめと今後の展望          │
└─────────────────────────────────┘
```

図31 「1分でわかる概要」のスライド例

照）。わかりにくいプレゼンテーションは膨らみが足りず，情報の関連づけが弱いことが多いのです。情報収集のステップを参考に，段階的に情報を組み立てていくことが重要です（☞ p. 77 情報収集を参照）。新しい情報は付け足せない，付け足さなくてもよい，というところまで調べたら，いらないものをある程度減らして，まだ減らせるのではないかという段階で1分にまとめてみると，「ああ，これもいらないかな」ということが見えてきます。

　プレゼンテーションの準備が半分程度できたら，1分で説明できるように概要をまとめてみましょう。1分で話すには，本当に重要な部分を頭に入れておく必要があります。短い時間に集約することで自分が本当に言いたいことだけを抽出しなければならないので，準備の途中段階で考えてみることで言いたいことが明確になるという利点があります。同じくらい重要だと考えている部分が複数あって，1分でまとまらない場合は，さらにその重要な項目間で他の分類によって構造化できないか考えてみましょう。

　はじめに，タイマーを用意し，1分で自分がどの程度まとまった内容を話せるのか実践します。1分を過ぎた場合は説明が終わるまで時間を計り，後で不要な箇所を削ります。1分より短かった場合は，論理構造を見直し，要点を増やします。頭の中でまとめて話すのが苦手な人は，1枚のスライドに「1分でわかる概要」として準備し，内容を箇条書きにするとよいでしょう。スライドに示す内容は，プレゼンテーションの準備に取り掛かる際に考えた構成が役に立ちます。例えば，紹介型のプレゼンテーションの概要は図31のような流れになります。この流れの場合，6項目あるため60秒で割ると1項目10秒ということになります。10秒で話すためには，文章にすると1項目につき2～3行程度になるでしょう。このように話すべき項目をピックアップして，それを60秒で割るとどの項目にどの程度時間をかけられるのか，時間を調整することができます。

> **ポイント**
> ・1分で説明することでプレゼンテーションの全体をつかむ
> ・目次を参考にして練習用にスライドを1枚作成し，60秒で話せるように時間を調整する
> ・1分で概要を説明することで自分が言いたいことが明らかになる

［43］原稿を用意しリハーサルする

　プレゼンテーションの完成度を上げるために，話す内容を書いた原稿を用意しましょう。原稿を用意するのが好きな人とそうでない人がいると思いますが，原稿作成はプレゼンテーションを作り上げるための重要な作業の1つです。テレビを見るとその場で臨機応変に話しているように見えても，入念に準備された原稿や台本があるものです。用意された流れに沿って自然にアドリブを入れ

るのは鍛錬の賜物です。経験が浅い人が本番でアドリブを入れると，準備段階で想定できない不確定要因により大失敗する可能性があります。想定外のことが起こると人は動揺して，話す内容を忘れてしまいます。そして焦れば焦るほど，発表者だけが空回りしていきます。実際に読むかどうかは別として，お守りとして原稿を用意しておくと安心です。

　原稿の作成方法は2つあります。1つは，PowerPointなどを使ってスライドのメモ欄に直接入力する方法と，もう1つは紙に印刷して手元にもっておく方法です。メモ欄に入力する方法のメリットは，スライドを準備しながら原稿を準備できることです。メモを入力する際にスライドの情報をコピーアンドペーストすることができるので，時間をかけずに自分が言いたいことを記録することができます。デメリットは，プレゼンテーションの本番でメモを表示した場合にスライドを見ながらその横のメモの内容を確認するのは慣れが必要です。ずっとモニターの画面を見つめることになるので，聴衆へのアイコンタクトを忘れがちです。画面の切り替えやメモの表示など操作に慣れていないと，想定外のトラブルに対処できない場合もあるので何度も練習します。

　一方，Wordなどで原稿作成し印刷して手元に持っておく場合は，パソコンに頼らずいつでも確認できるというメリットがあります。印刷しておけば直接，原稿にメモすることもできるので，直前の変更や修正に役立ちます。一方デメリットとしては，文字が小さくて読めなかったり，原稿のどこを読めばよいのか見つける際にタイムラグが生じることがあります。この対策としては，手で紙を持った時に読みやすいように文字を大きくし行間を開けるなどして原稿を作成することです。原稿をスライドごとにページを分けて，スライドを切り替える動作と原稿を読む動作にズレが生じないような工夫が必要です。姿勢よく紙の原稿をしっかり持てるように，軽いバインダーに挟むのも有効です。

　パソコンでも紙ベースでも，自分に合った方法で原稿を用意して，リハーサルを実践してみましょう。原稿ができたら，その原稿に合わせてスライドを切り替えながら段階に分けて練習します。リハーサルは段階別に30回おこなえば安心です。口に出してアウトプットすることで論理の飛躍やわかりにくいところが見つかります。以下に4つの段階を説明します。

　段階1：はじめの2，3回の練習は原稿の内容とスライドの内容がズレていないかどうか，自分が言いたいことがそのスライドと説明でわかるかどうか確認します。原稿を読み合わせることでプレゼンテーションの内容を修正する段階です。

　段階2：もっと効果的に伝えられないかという視点からプレゼンテーションの内容を見つめ直します。例えば図表を修正したり，スライドの順番を入れ替えたり，構成を見直したり，他の情報はないか追加修正をおこないます。もうこれ以上直すところがないだろうと思えたら次の段階に進みましょう。

　段階3：間違わないで制限時間内に話す練習をします。本番では誰しも少なからず緊張するため，練習では完璧にできたという自信が大事です。自信がないまま本番を迎えると，緊張と相まって大きな不安となり失敗につながってしまいます。そうならないためにも，誤字脱字がないか言葉で説明しづらいところがないか，よどみなくスムーズに話せるかどうか1つ1つ細かいところまで確認します。

　段階4：最後は人前で練習をします。家族や友人，クラスメートや同僚に協力してもらい，服装もしっかり整えて本番のように発表します。些細なことでも「ちょっとわかりにくい」「理解しづらい」など修正点を指摘してもらいましょう。また，もっと良くするためにはどうしたらよいかについてもコメントをもらいます。それに基づいてできる範囲で修正をおこないます。人に聴いてもらうと実際に直接コメントをもらい修正することができるというメリットがあるだけでなく，一人で練習していたときとの違いや，新しい問題点に気づくことができます。このように段階的に練習

し，視点を変えることによって，効果的にプレゼンテーションを洗練させることができます。

> **ポイント**
> ・プレゼンテーションに原稿は不可欠。パソコンか紙か自分のやりやすい方法で作成する
> ・原稿を見つつ発表できるかどうか段階に分けてリハーサルをおこなう
> ・リハーサルをおこなう過程でプレゼンテーションの内容を修正し，洗練する

[44] アドリブで話す

　プレゼンテーションで当意即妙に気の利いた一言を発することができる人はすごいなあと感嘆することがあります。テレビで見る芸能人やアナウンサーはそのようなスキルをもっている人のいい例で，枚挙にいとまがありません。しかしながら，みなさんがプレゼンテーションの初心者であればアドリブでいいことを言ってみようとチャレンジするのはお勧めできません。なぜなら，アドリブを効果的に使用するのは難しいからです。そして，うまくいかなかった時に微妙な雰囲気を味わうと，後から思い出したくなくなります。アドリブというのは状況の見極めや発言内容に加えて，流ちょうに言葉が出てくるかどうかも関わっており，訓練を積んでいない人が効果的な発言をおこなうことは困難です。自分では少し考えている間でも，聞いている人にすれば理解を妨げたり，集中力を切らす要因になります。

　プレゼンテーションでは決してアドリブに頼らず入念に準備し，必要なことを滞りなく伝えることに専念しましょう。余計なことをしようとすると大体の場合はやらなければよかったと思うものです。余力を残してやるべきことを十分におこなうことができるよう，まずは練習をおこないます。そして経験を積み，多少うまくいかなくともショックはそれほど受けないだろうと思う段階まできたら，アドリブに挑戦してみてください。その場合も，完全にその場でゼロから考えるのはハードルが高いので，あらかじめ「ここでアドリブをいれよう」「こんなことを言ってみよう」と大まかにイメージをもっておきます。そのうえで，その状況で「できる！」と思えばチャレンジしてみましょう。不安がよぎったら潔く「また今度」とあきらめましょう。

　アドリブをぜひ入れてみたいという人は，プレゼンテーションの初めがお勧めです。本題に入るとアドリブによって理解が妨げられることもありますが，本題に入る前であれば多少うまくいかなくとも聴衆とコミュニケーションをとりやすい関係（＝ラポール）を築くきっかけにつながります。つまり，自分を知ってもらい，聴衆との関係づくりにアドリブを使うということです。準備された内容はその場の聴衆の反応を直接反映しているものではないはずです。本番を迎え，実際の聴衆を目の前にして，その瞬間に感じたことを感謝とともに言葉にしてみてください。「今日は空席がほとんどないほど多くの方に聞きに来ていただきました」「今日はあいにくの雨で，足元の悪いなか，聞きに来てくださってありがとうございます」などです。初めてのプレゼンテーションでは，「人生で初めてのプレゼンテーションで緊張しておりますが，精いっぱい頑張ります」など自己開示する方法もあります。イントロダクションで時間を使い過ぎると聴衆は飽きてしまうので，冗長にならないように端的にまとめることも重要です。感情を共有することで会場に一体感が生まれます。その後に，しっかり準備した内容を段取りよく話すことで，プレゼンテーション全体にメリハリが生まれる効果もあります。

> **ポイント**
> ・プレゼンテーションではアドリブは難しいと認識する
> ・アドリブを入れるかどうかは，実際に話してみて自分や聴衆の雰囲気を考慮して判断する
> ・アドリブを入れたい場合はプレゼンテーションのはじめにおこなうと聴衆とのラポール形成につながる

［45］資料を作成する

　スライドが完成したら，当日に手元に持っておく資料を印刷しましょう。印刷すべき資料は2種類あります。1つは自分用，もう1つは聴衆のための資料です。自分用の資料は，全体を見わたすためにスライド9枚を1枚の紙に印刷した書式のものを準備します。話しているとそのスライドに注目するため，全体の流れを把握しにくくなります。個別のスライドを説明しながらも，常に全体としてのバランスを調整する際に役に立ちます。また，リハーサル段階で経過時間や気をつけるべきことなど補足事項を余白にメモしておけば，困った時にすぐにメモを確認することができます。まずは聴衆に見せるスライドのみで自分がスムーズに話せるように内容を考えます。そのうえで，聴衆には見せないけれど頭に入れて置きたい情報や質問対策はスライド下部のノート機能を使用するとよいでしょう。そうすれば，聴衆には見えない形で重要なデータや説明を確認することができます。経験を積んだ人は，資料にメモしたものを原稿代わりにしましょう。原稿があると目を落として読んでしまいがちなため，原稿を必要最低限のメモにすることで聴衆と目線を合わせてコミュニケーションをとることができます。

　聴衆にわたす配布資料の作り方は事前に指定されている場合はそれに従い，そうでない場合は下記の中から適当な方法を考えましょう：①すべての資料を印刷して配布する，②アウトラインなど一部の資料を配布する，③資料を配布しない，の3つがあります。

　①すべての資料を配布する：実際に使用するスライドのうち配布できる範囲ですべて資料にして配布する方法です。聴衆が見やすいように文字の量に応じてA4サイズ1枚につき2枚～6枚のスライドを印刷します。使用する資料を配布することで，聴衆はメモを取りながら深く理解して聞くことができます。また，発表後も資料として手元に残しておくことができます。ただ，すべて資料をわたすと読むことに集中して発表を聞かなくなったり，聴衆の関心を引きつけることが難しくなるため工夫が必要です。例えば，最初に「配布資料は発表後にゆっくりご覧いただき，発表中は前のスライドをご覧ください」など資料をどのように使ってほしいかあらかじめお願いしておくとよいでしょう。「基本的には前のスクリーンを見ていただきたいと思いますが，後方の席でスクリーンの文字が見にくい場合は資料をご覧ください」といった聴衆への配慮としても使えます。細かい説明が入った図表やグラフなどの部分は「スクリーンでは見えにくいため手元の資料をご覧ください」という方法もあります。

　②一部の資料を配布する：スライドすべてではなく，全体の目次や概要をまとめたA4サイズ1枚程度におさめた資料を作成し，配布します。この利点としては，発表だけでは理解しにくい専門的な内容や情報量が多い場合は発表を聞きつつ，資料を確認することで理解の助けになるものです。例えば単純な文字列と異なり，図表やグラフは時間をかけて理解してもらうために，図表やグラフのみを資料に印刷して配布します。発表では，「お手元にスクリーンと同じ図（表／グラフ）を印刷した資料をご覧ください」というように都合のよい方を確認できるように伝えましょう。

　③資料を配布しない：指定がなければあえて配布資料はなしという選択肢もあります。手元に資料が配られると聴衆はどうしても読んでしまうため，スライドに集中してもらうためには資料があ

るとむしろ理解の妨げになります。デメリットとしては，興味関心が低い聴衆の目線をスクリーンに引きつけるための別の工夫が求められます。必要な人にだけ申し出てもらい，事後にわたすこともあります。

　以上，どの方法もメリット・デメリットがあります。何らかの資料を配布する場合は，前日までに誤字脱字がないか再度チェックし，印刷を終わらせておきましょう。資料の配布方法は，発表日前，発表直前，発表後に分けられます。発表日前の場合は，1週間から前日までに資料をメール等で配布して内容を理解してもらい，当日にはスライドを主に見てもらいます。卒業研究発表などすぐに理解するには難しい内容で，発表後に議論したりコメントをもらいたい時に有効です。発表当日の場合は，会場の入り口に近い机にまとめて置いてきた人にとってもらう方法と，人が集まった段階で配布する場合があります。また資料は紙に限らず，ファイルをメールで送信したり，QRコードを用意してスマートフォンで会場で読み取ってもらいダウンロードする方法もあります。この場合は，PowePointやソフトウェアのバージョンによって互換性がない場合もあるため，必ずPDF形式にして，スマートフォンを持っていない人や何らかのエラーが生じた時のために何部か紙の資料を印刷しておくとよいでしょう。以上の他に発表後に希望者に送信するという方法もあります。どの場合も，配布した後に修正することにならないように資料の完成度も問われます。最も重要なのは発表です。発表の準備状況との兼ね合いで，資料にどの程度，時間と労力をかけるか考えます。

> **ポイント**
> ・資料には自分のための資料と，聴衆のために配布する資料の2種類がある
> ・自分のための資料は，プレゼンテーション全体を把握し，補足事項や気をつける点をメモする
> ・聴衆に配布する資料は，状況によって適切な内容と方法を選ぶ

[46] わかりやすく伝える

　プレゼンテーションにおいて「わかりやすさ」は重要な評価基準の1つです。わかりやすいプレゼンテーションを作るためにはどうすればよいでしょうか。本項では，「音声」「言語」「見せ方」の3つの工夫に分けて説明します。

　音声の工夫：スライドがきれいでも，音声面で言っていることが理解できないとストレスになり，理解が制限されます。内容は悪くないのに，伝え方で損をしているというケースは少なくありません。伝え方には「声の大きさ」「スピード」「声のトーン」「間の取り方」「アイコンタクト」の5つの項目があります。自分がどのような話し方をしているのか録音・録画して聞いてみることをお勧めします。自分では気づかなかった癖や特徴が見つかるはずです。まずは自分で各項目に対して5段階で点数をつけ，採点理由を明らかにしましょう。わかりにくいプレゼンテーションで多い原因は，「早口」「声が小さい」の2点です。この2つは物理的に音声情報を受け取ることができません。誰でも理解してもらえるように，若干遅めに話し，適切な声の大きさを調整することが大事です。自宅でプレゼンテーションを準備しても，本番の会場では音響面でも様子が異なることが多いです。事前に下見をして，可能であればその場でリハーサルをしましょう。肉声よりマイクの方が聞きやすい場合が少なくありません。必要であればマイクを用意します。本番当日はその場の雰囲気に合わせて相手の反応をよく見て，メッセージを調整することでリズム感のある生きた言葉を語ることができます。プレゼンテーションの内容を頭に事前に叩き込み，当日は聴衆とのコミュニケーションに集中できるように準備します。

　言語の工夫：聴衆が初めてその場で内容を聞き，理解するには集中力を要します。逆に言えば，聴衆の集中力が途切れないようにプレゼンテーションを組み立てる必要があります。どのような話でも，全体から詳細部分へという流れは基本になります。また，情報は時系列に並べましょう。時系列とは時間の経過にしたがって整理・配置された流れのことで，過去・現在・未来の流れになります。内容の評価については「主張」「理由の説明」「例やデータ」「構成」「興味」の5つの項目が役に立ちます。特に，全体的な骨組みに関わる構成はプレゼンテーションの印象を決める重要な要素です。無駄なことは言わず，できるだけ少ない言葉で理解してもらえるように繰り返し表現方法を検討しましょう。構成がまとまっていると感じられるかどうかは，十分な準備時間を残せたかどうかと関係しています。

　見せ方の工夫：スライドはシンプルに見せることが重要です。そのためにはスライド1枚につき1つのメッセージに留め，キーワードを作り，複数の内容を詰め込まないようにしましょう。情報過多では聴衆が混乱します。スライド作成においては，紙全体と文字のバランスがとれていること，文字に強弱などメリハリがあること，そして余白を有効利用しているものが美しく感じられます。美しい絵画やデザインを鑑賞してプロの構図を学ぶのもスライド作成に有効です。文章だけでイメージしてもらうことは難しいため，図表など視覚に訴える方法で表したり，動画を挿入するのも有効です。ただし，動画を挿入する際にはプレゼンテーションの邪魔にならないよう長さに注意し，トラブルが起きやすいため本番の発表で使用するパソコンの互換性を確認するようにしましょう。事前に動作確認や音量の調整が必須です。

> **ポイント**
> ・わかりやすいプレゼンテーションには，音声，言語，見せ方で工夫する
> ・聴衆の立場からわかりやすさをチェックする
> ・いずれの場合もまずは自分で考えてから，第三者にも意見を求めるようにする

[47] 質問を想定する

　プレゼンテーションで使うスライドの準備が大まかに完成したら，聴衆の立場からプレゼンテーションを眺めてみます。「いいことを言ってるようだったけれども私にはわからなかった」という感想を持たれてしまっては努力が水の泡です。プレゼンテーションは聴衆に合わせて調整する段階が重要です。プレゼンテーションを作るためには多くの時間を費やすため，発表者自身が基準になってしまうと初めて聞く人の気持ちとギャップが生じます。注意深く見ていくと，初めて聞く人にとってわかりにくいかもしれないポイントが見つかるでしょう。違和感がある部分については「なぜ違和感があるのか？」を掘り下げて，質問を考えてみましょう。自分と同じくらいの年齢の聴衆ではなく，小学生や中学生が聞いたらどうだろう？と知識や経験が自分とは異なる聴衆を想定することも有効です。1つ1つスライドに対して質問を考えていきます。1枚目の表紙では，「なぜこの人がこのテーマについて話すのか？」など思いつく疑問をできる限り挙げていきます。この過程は質疑応答の対策にもなります。プレゼンテーションをはじめて聞く人はどのような質問をするでしょうか。他者の視点を取り入れるとプレゼンテーションは最終的にはより多くの人に理解してもらいやすくなります。実際に友人やクラスメートなど第三者に聞いて実際に質問してもらうことも大事ですが，自分で考えることには思考を深める別の意義があります。内容には「主張」「理由の説明」「例やデータ」「構成」「興味」の5つの基準があります（『大学生からのプレゼンテーション入門』p. 19参照）。この基準に沿って，聴衆の質問を想定するのも効果的です。

　自分のプレゼンテーションを客観的に見るためには，録音・録画がお勧めです。手軽にできるの

は，自分が話す様子をスマートフォンなどで録画する方法です。パソコンと自分が入るようにセッティングすれば，スライドの切り替えも含めて本番のシミュレーションができるでしょう。スライドの内容だけでなく自分の伝え方や態度など全体的な調和を確認することができます。他には，PowerPointではそれぞれのスライドで言いたいことを録音し，音声をスライドごとに挿入してプレゼンテーションの動画を作成する方法もあります。動画作成は発表内容の完成度を高めたい場合にお勧めです。スライドに発話時間の記録が残るため，全体の発表時間の長さと個別のスライドの長さとを把握し，部分的に調整しやすいです。いずれの場合でも，客観的に自分の話を聞いてみると声の大きさや抑揚などの伝え方や，話の論理展開など，「あれ？」と思う個所を見つけることができるでしょう。最初は恥ずかしく感じるかもしれませんが，本番で大失敗をして悔いが残ることと比べたら小さなことです。勇気を出して自分のプレゼンテーションと向き合ってみましょう。気づいたことを忘れないように，スライドを印刷した資料にメモしていきます。

　自分のプレゼンテーションを見た後に，メモをまとめたら，聴衆ならどのような質問をするか考えてみます。「なぜそのテーマを選んだのか」「テーマ選択の理由は何か」「論理の展開に問題はないか」「言ってることに矛盾はないか」など好意的に聞くだけでなく，まったく興味がない人や，意地悪な人からどのような質問がくるか考えてみると質問の幅が広がります。10〜20個ほど質問を考えて，想定される質問集をリスト化したら，今度はその質問に対する回答を考えてみましょう。その回答をスライドに含められる場合は，すぐに修正しましょう。もし含める必要がなければ，質疑応答の対策に付録としてスライドに資料を追加します。

> **ポイント**
> ・質問を想定するために勇気を出して自分のプレゼンテーションを客観的に見てみる
> ・プレゼンテーションの確認には録音・録画をすることが有効
> ・聴衆の立場から質問を考え，それに対する回答も考える

[48] 表紙を作成する

　全体的な構成ができたらプレゼンテーションの表紙を作成します。スライドの表紙は簡単に作りがちですが，発表を聞く人にとってはプレゼンテーションの第一印象を形成する重要な情報を提供します。プレゼンテーションの本番では発表の前にスライドをスクリーンに映し出した後，発表が始まるまで時間があることが多いものです。たとえそれが数秒であっても表紙は聞き手に何らかの情報を与えます。発表者が話し始める前から表紙を通じて聴衆とのコミュニケーションは始まっているということです。

　表紙に含める情報は，タイトル，発表者氏名，については誰でも思いつくでしょう。しかし，この2つだけでは十分ではありません。所属，日付とプレゼンテーションがおこなわれた場（学会名など）の情報を入れます。これらの情報が必要な理由は，正式にスライドに情報を入れることで信頼性を高める効果があります。特に，発表者については氏名だけではその人について知らない場合は判断ができません。所属を含めることが説得力に必要な人格に関わる情報になります。大学生であれば学部・学科・学年，社会人であれば企業名・部署名などが所属の情報にあたります。いいかげんに作成した表紙は，日付が間違っていたり誤字脱字があることも多いです。表紙に時間をかけていることが，プレゼンテーションの内容への期待が高まります。また発表者にとっても表紙作成のメリットがあります。それは，プレゼンテーションのスライドは随時更新されていくため，いつどこでおこなわれたプレゼンテーションのスライドかを明記しておかないと古いバージョンのプレゼンテーションを間違って使用してしまい，発表の最中に気がつくということもあるからです。年

に一度しかプレゼンテーションをする機会がない場合でも，後からスライドを見返し，それをもとに新しいプレゼンテーションを作成することもあります。頻度が高い低いにかかわらず，表紙には「いつ，どこで，誰が，何を」の情報を漏れなく入れるようにしましょう。

　表紙でこれらの情報をわかりやすく配置するためには，「4：3」の縦横比のスライドサイズを用いることをお勧めします。この他には「16：9」のサイズもありますが，「4：3」のサイズが一般的に多く使われています。「16：9」は横が長い分，文章の一文を長く書くことができる利点がありますが，聞き手に文章をたくさん読ませてしまうとプレゼンテーションがうまくいきません。簡潔に文章をまとめ，直観的に理解してもらえる工夫をするためにも特に指定がない場合は「4：3」のサイズを使ってみましょう。本文もこのサイズで統一します。

　またタイトルについても，見やすさやわかりやすさを考える必要があります。表紙の中でタイトルはプレゼンテーションの内容を示す一番重要な情報です。タイトルを考える際に気をつけるべき点として2つ挙げます。1つ目はタイトルの長さです。あまりに長いと意味をすぐに理解できません。フォントの大きさを調整して，2行以内に収まるようにしましょう。主題と副題に分けてタイトルをわかりやすくする方法もあります。プレゼンテーションの内容が大まかに決まったら，タイトルが発表内容を全体的に示しているかどうか他の人のコメントも参考して確認してください。タイトルは自分がつけたいものを考えるのと同時に，その他のプレゼンテーションとの兼ね合いで決まる部分もあります。例えば，1年前に同じ研究室の先輩がおこなった研究を引き継いでいたり，他に同じ状況でプレゼンテーションをおこなう人がいたり，自分のプレゼンテーションがどのように位置づけかを考えることでタイトルに含めるべき内容が決まる場合があります。自分ではよくわからない時には，先生や先輩などに聞いて，その時々で適切なタイトルを考えましょう。

　表紙にイラストや写真を含める方法もあります。プレゼンテーションの場が論理よりも共感が重要な場合に効果的です。例えば，サークル紹介などの学習者同士のカジュアルなプレゼンテーションで，親しみをもってもらいたい時に効果を発揮します。写真やイラストを入れる場合は本文と同様に著作権に注意し，タイトルが見にくくならないようにイメージに合うものを選んで，文字との配置を考えて適切な大きさに調整します。写真は小さ過ぎると見えないため，ただ載せるのではなく何を見てもらいたいのかその写真を入れることで聞き手にとってどのような効果があるのかを考えながら選びます。縮小して載せる方法もありますが，重要な部分だけトリミングしたり，また背景としてスライド全体に薄く表示させる方法もあります。あまり写真に時間をかけてしまうと，伝えるべき内容にかける時間が減ってしまうので，残り時間とその他の作業の進捗を考慮して進めてください。

　スライドにはページ番号も入れましょう。ただし表紙にはスライド番号は含めません。スライド番号は右下に配置するとプレゼンテーションの内容の邪魔になりにくいです。スライドに番号があると途中経過がわかりやすいだけでなく，質疑応答の際も「XX枚目のスライドについての質問です」というようにスライドの指示がしやすくなります。配布資料がある場合はその資料にも番号がついているか確認しましょう。

ポイント

・表紙から聴衆とのコミュニケーションは始まる

・表紙には，タイトル，所属，発表者氏名，日付，プレゼンテーションの場の情報を入れる

・表紙のスライドの縦横比，タイトル，写真・イラストにこだわることで自分らしい表紙が作成できる

[49] 印象づける

　プレゼンテーションは発表中にどれだけ内容を理解してもらえるかを考えがちですが，発表後にどのように思い出してもらうかについても考えておく必要があります。プレゼンテーションは楽しかったとしても終わったら記憶に残っていないのではもったいないからです。例えば，就職面接でその場のやりとりはうまくいっても，その後の選考過程で印象がなければ内定を獲得できないかもしれません。研究発表でも，発表をきっかけに次の話がつながることもありますが，印象が薄ければその後の発展が期待できません。自分だけの講演会などを除き，多くのプレゼンテーションでは自分以外の複数の発表者がいるものです。そして，すべてのプレゼンテーションが終わった後，少し時間を置いて選抜することもあります。したがって，発表後もプレゼンテーションが影響を及ぼすプロセスの1つと捉えられます。よいプレゼンテーションとはその発表者の個性が表われ独自性があり，発表中はもちろんのこと，直後も，それ以降も何らかのいい変化がもたらされるものです。このように考えると，発表を通していかに聴衆に印象づけるかが重要です。

　聴衆に印象づけるためにはプレゼンテーションの最初と最後が肝心です。プレゼンテーションの最初は表紙を含めて最初の1分，最後の印象は最後の1分と考えてみます。最初の印象は，話の導入と表紙で決まります。表紙はプレゼンテーションが始まる前から視覚情報として提示される重要な事前情報です。「タイトルが全体を理解するのに適切かどうか」「抽象的になり過ぎていないか」「興味を惹くものかどうか」確認しましょう。また，スライドの表紙に含まれる氏名や所属などの言語情報に加えて，写真やイラストなどの視覚情報も適切に機能するか考えてみましょう。「この写真は何かわかりますか？」という問いかけをして，写真を使って聴衆の興味関心を引きつける方法もあります。

　一方，最後の1分で印象づける方法は，最後のまとめのスライドとそれに添える言葉です。聴衆はプレゼンテーション中，様々な新しい情報のシャワーを浴びることになるので，スライドごとにその瞬間の情報を処理するので精一杯です。そこで，最後にこのプレゼンテーションのまとめとして何の話をしたのかもう一度簡単にまとめて，プレゼンテーションを通して伝えたかったことを繰り返し伝えることで強く印象づけることができます。聴衆の理解を最後に促すようにまとめられれば，聴衆の理解の負担も減り，自分の理解を確認することができるため印象もよくなるでしょう。「私がこのプレゼンテーションで最も言いたかったことは」というように，最後にキーメッセージを伝えて終わるのも印象に残ります。また，まとめの後に参考文献や謝辞を付けることもあります。根拠を示し，協力してくださった方への御礼は発表者に対する信頼を高めます。最後の印象は時間配分も重要です。時間がなくて焦って終わっては台無しになるため，時間を見ながらスムーズに進行し，余裕をもって最後を締めて余韻を残せるように工夫しましょう。

　以上に述べた最初と終わりの印象づけを効果的にできれば他のプレゼンテーションとの差別化を図ることができます。最初にこのような話をしますという導入から，最後にこのような話をしましたという結びできれいに終わらせましょう。最後まで手抜かりなく潔く発表を終えると強く印象に残ります。

ポイント
・プレゼンテーションは発表後も思い出してもらえるように印象づける工夫をする
・良いプレゼンテーションは他の発表と比較して独自性があり印象に残るということ
・プレゼンテーションの最初と最後に印象に残る工夫をすると効果的

ステップ5：発表・振り返り

[50] 視線を集める

　プレゼンテーションを聴衆に理解してもらうためには，注意を向けてほしい部分に聴衆の目線を誘導することが重要です。本項では，①心理的距離，②メッセージに集中，③色の工夫，④文字の工夫，の4点に分けて説明します。

　①心理的距離：人は視線によって相手との心理的距離を調整します。前に立って発表している間，余裕があれば聴衆の視線に注目してみましょう。スクリーンとは違うところに向いていたり，目を閉じていれば「興味がない」というメッセージのこともあります。逆に目を合わせてうなずいて傾聴してくれる聴衆は，「興味がある」というメッセージを送ってくれています。このように発表中に聴衆と視線でコミュニケーションをとることができます。どの程度，発表者とコミュニケーションをとろうとするかは聴衆によって個人差がありますが，反応を示してくれる数人を手掛かりにプレゼンテーションを進めると安心です。そのためには最初に，「あ，私も」「へえ」と共感し，興味をもってもらえるような導入で聴衆との関係を築いておきます（☞ p. 116 ラポールの形成を参照）。

　②メッセージに集中：視線の誘導はメッセージに集中してもらう際にも有効に使えます。プレゼンテーションでは，視覚・言語・音声の複数の情報が伝達されるため，聴衆が受け取っている情報と発表者が話している内容にズレがあると理解してもらえません。「ここをご覧ください」など，レーザーポインターやジェスチャーを用いて聴衆の視線を積極的に誘導することで情報を受け取る準備を整えてもらいます。また，視線の分散を防ぐために1つのスライドに複数の要素を入れないようにシンプルにし，スライドごとにテーマやメッセージを絞る工夫も必要です。またよく使われるアニメーションは，聴衆の目線を集めるのに効果的な場合もありますが，逆に気になって内容が理解しにくくなるということもあります。アニメーションは必要最低限に抑え，問題がないか他の人に意見を求めましょう。

　③色の工夫：色の使い方によって視線が分散する原因になることも多いです。カラフルで綺麗な色使いがわかりやすいとは限りません。複数の色が使われているとどこが集中すべき内容で，どこが背景なのか判別するのに時間がかかるからです。そのため，背景と文字のベースの色と，強調する際に使用する色を決め，そのルールがスライド全体で一貫しているかチェックします。作成途中は気づきにくいので，暫定的に色を決めて作成し，作成し終わった後にもう一度，色の調整を最初から最後まで通して確認します（☞ p. 87 色使いを参照）。心配な人は PowePoint のテーマを用いて初期設定の色をまず使ってから，後で見やすいかどうか確認する方法もあります。ルールに基づいて色を使うことで聴衆の理解を補助します。

　④文字の工夫：視線を集めるために文字も工夫します。文字の色と同様に文字の大きさも重要な情報になります。例えば，スライドの見出しは本文より大きいのが基本です。スライドの本文は24ポイントを基本とし，文字数が多い場合は20ポイント，文字数が少ない場合は28ポイントを推奨していますが，本文が36以上になると大き過ぎて，見出しなのか本文なのか見分けがつきにくくなります。そのため，見出しは36ポイント，本文は基本24ポイントと基本的なルールを決めておくとよいでしょう。また，1枚のスライドの中で本文中にサイズの違う文字が混在していると見にくくなります。その場合は階層を示し，より重要な上位に位置する情報を大きめに，下位に位置する情報を小さめにするなどルールを設ける必要があります。そして色と同様に，作成後に全体を通して大きさが一貫しているかどうか確認します。

[51] プレゼンテーションを始める

　発表者がプレゼンテーションの最中にどのようにコミュニケーションをとるか聴衆は評価しています。最初に，元気に挨拶をして発表者からコミュニケーションをとろうとする姿勢を示すことで関係づくりができます。具体的には，質問を投げかける方法です。「このテーマについてご存じでしょうか」「今日，事前の申し込みをされた方は挙手をお願いします」など，実際に手を挙げてもらうという方法や，誰かに実際に回答してもらうという方法もあります。聴衆に何かしてもらうことに不安がある人は，質問を問いかけるだけでも十分な効果があります。そして，行動を求めなくとも反応は表情からうかがい知ることができます。正確には把握できなくとも，「あまりご存じでない方が多い／少ないようですね」といった判断をフィードバックすれば聴衆とのコミュニケーションは成立します。

　はじめに聴衆とコミュニケーションをとった後は，プレゼンテーションの流れを共有します。聴衆の関心は「退屈ではないか」「時間を無駄にしないか」というところにあります。そのため，時間をいただいて発表させていただくという謙虚な意識をもって，コミュニケーションをとりながら進行を共有し，コンセンサスをつくります。そうすることで，発表者はついていけない人が出てこないようにみんなで進んでいく道案内人の役目を果たすことができます。

　時間の使い方については，紙などに書かれている場合でも，あらためて発表時間と質問時間の割合や，終了時刻について発表者が説明すると安心です。例えば15分のプレゼンテーションの場合，「10分間でこれからこのような流れで話した後に，最後の5分は質疑応答の時間とします」「15分間のプレゼンテーションで不明な点があればいつでも手を挙げて質問してください」などです。特に質疑応答の方法をあらかじめ伝えることは双方向性を確保するためにも重要です。発表の流れについては，目次を示すスライドを用意し，それに沿って説明をします。はじめに，背景と目的，本論，結論の順番に話します。目次は必ず声に出して読んで確認するようにしてください。「目次はこんな感じです」とスライドを表示するだけで説明しなかったり，目次がないプレゼンテーションもありますが，目次の効果は絶大ですのでぜひ含めるようにしてください。聴衆にとって最初のイントロダクションは，このプレゼンテーションで一方的に興味のない話を聞かされる時間になるか，一緒に参加しているという意識をもって新しい考えやアイディアを得る時間になるか，判断の分かれ目になります。

[52] ジェスチャー・姿勢

　聴衆はプレゼンテーションをする人が怪しい人ではないか，話を聞くに値する人かよく観察しています。本項では，非言語メッセージのうちジェスチャー・姿勢に着目します。TEDなど海外の

プレゼンテーションを見たことがある人は，大きな身振り手振りで表現したり，発表者の表情の豊かさなど多くの文化差に気づくでしょう。ダイナミックな動きを伴うコミュニケーションを好む人とそうでない人がいます。まずは自分が聞き手の立場に立って自分が心地よいと感じる発表者の動きのイメージをもつことから始めましょう。また前例を参考にして，TPOに合わせることも重要です。注意すべき点は以下のとおりです。①立ち方，②姿勢，③手に持つもの，④手の動き，⑤立つ位置の移動，に分けて説明します。

①立ち方：左右の足に均等に体重が分散されるように立ちましょう。どちらかに傾くと身体全体が曲がってしまうため，聞き手から見ると不安定でバランスが悪く，自信があるように見えません。均等に左右に体重をのせれば自ずと背筋が伸びて堂々とした印象を与えます。

②姿勢：立ち方が悪いと姿勢が悪くなります。背骨がまっすぐ通るように姿勢を正すと腹筋に力が入りやすくなり，一定の声量が出て聞きやすい声になります。姿勢で気をつけるポイントは，マイクや資料を持つか持たないかによって変わってきます。何も持たないで話す場合は，両手が空くことで動きが自由になりますが，机に片手をついてしまったりバランスが崩れがちなので注意が必要です。マイクを持つ場合は，持ち慣れていないと余計な力が持ち手側に入って，姿勢が悪くなります。装着型のマイクは口にマイクが近づき過ぎると息が入って聞きにくくなることもあります。状況に応じて使いやすいものを選び，問題がなくなるまで入念に練習しておきます。原稿や資料を見てしまい，視線が下に落ち，その結果，姿勢が悪くなることがあります。また，発表中にスクリーンを見過ぎると，聴衆に背を向けてしまうこともあるので注意が必要です。

③手に持つもの：手に何も持たない場合は，不必要に動かさず，身体の前で軽く組んで固定したり，腕に力を入れずに下します。聴衆の注目を集めたい重要な場面だけ，手でスクリーンを指示すると効果的です。マイクなどを手に持つ場合は，片手がふさがることになるので，左右のバランスに気をつけましょう。資料を持つ場合は，重いものは発表の妨げになるため，台に置いて手に持たないようにします。頑丈なファイルやバインダーは思っているより身体の動きの邪魔になります。何も持たないとかえって姿勢が不安定になる人は，あえて資料を片手にもって身体の軸を定めるのも効果的です。

④ジェスチャー：手の動きは表情と同様に発表者の内面を表現します。不安で心もとない時は手が妙にそわそわ動いてしまうことがあります。両方の手のひらを上に向けてれば「なんでだろうか？」といった疑問や自分の主張の強調につかうことができます。手や指である方向や場所を指し示すと「そこを見てください」という指示になります。指を3本出して，「ポイントは3つあります」という言葉と身体の動きを同期させると3という数字をより強く印象づけることができます。このように，言葉で説明するなかで特に関心を向けてもらいたい部分でジェスチャーを使うと効力を発揮します。

⑤立ち位置を移動する：プレゼンテーションは教卓にパソコンを置き，その前でプレゼンテーションのソフトを操作して話すことから，教卓を離れて壇上を動き回る人は多くないでしょう。このようにパソコンの前を固定ポジションとして移動ゼロのプレゼンテーションがあります。学会発表や卒論発表などの専門性も公式度が高く場合は発表内容の質が評価されるため，動き回って聴衆の関心をひきつけ感情に訴える方法は好まれません。一方で，専門性が低く，公式度も低い場合は，発表者自身の人柄や感情もプレゼンテーションの重要なメッセージになるため，積極的に自己開示し聴衆とのコミュニケーションをとるには動いてみせて，時に聴衆に質問するために近寄ったり，スクリーンに近づいて説明を加えてみることもアプローチの1つになります。立って話すことばかりがプレゼンテーションではありません。一流のプレゼンテーションとして語り継がれ書籍化した『最後の授業』（パウシュ，2013）のプレゼンテーションでは，発表者は自身が健康であるこ

との根拠としてマイクを床に置き，腕立て伏せをして聴衆に見せて，拍手喝さいを浴びました。他には，聴衆の席が並んでいる中に入っていって話をしたり，質問をすることで，聴衆との距離を縮めることもできます。発表者が遠いと集中力が弱まってしまう場合はこのような方法も効果的です。ただ，この場合は「では聴衆の方に聞いてみたいと思います」というように聴衆に近づくことをあらかじめアナウンスしてから歩み寄る方がよいでしょう。聴衆は自分たちのスペースに無断で入ってきたような抵抗感を抱くことがあります。言葉で伝えられることには限界があり，時にジェスチャーや身体を使って非言語で伝えることが効果的な場合もあります。

> **ポイント**
> ・ジェスチャー・姿勢は発表者の人格的な側面として捉えられる
> ・どのような方法が心地よいかは文化差や個人差があるため様々な例を見てイメージを膨らませる
> ・①立ち方，②姿勢，③手に持つもの，④手の動き，⑤話す位置の移動を工夫する

［53］質疑応答

　プレゼンテーションの基本的な評価項目に，「伝え方」「内容」「構成」「質疑応答」があります。発表内容や伝え方は準備ができますが，質疑応答は即興でのやりとりになるためその人の本当の姿が見えると考えられます。質疑応答では回答の適切さに加えて，質疑応答で立ち現れてくる発表者の人柄が総合的に評価されます。質問を受けることは怖いかもしれませんが，わざわざ質問してくれるということは関心をもってくれているということです。質問を受けたら，最初に質問者には感謝し，誠実に対応しましょう。

　どのような質問がくるかある程度，想定しておくことが効果的です。同じ質問が来たらすぐに答えられますし，少し違う質問でも回答内容をアレンジして参考にすることができるからです。回答に使えなかった場合も，質問を想定することで，発表内容について深く考えることができ，そのこと自体が他の質問への回答の際に間接的に活きてきます。質問のパターンとして，①内容を確認する質問，②補足説明を求める質問，③内容の適切性を問う質問，④内容に関連して聴衆の個人的な質問，⑤まとはずれな質問に分けられます。発表準備の段階でどこに質問が来るのか予想し，質疑応答集を作り，できるだけその質問に答えられるように資料を用意しておきましょう（『大学生のためのプレゼンテーション入門』，質問，p. 31 参照）。質問者に回答する際に資料やデータを用いて補足ができると説得力が高まります。関連するデータや情報はスライドの最後に資料として残しておきましょう。直接回答に使えない場合でも参考資料として使える場合もあるため，常に第三者の視点から自分の発表に対する疑問点を考えることが重要です。

　質問は直接手を挙げてその場で聞かれた質問に対して回答する場合と，オンライン上で質問を集めて司会者が選んだ質問に向けて全体に回答する場合があります。大学のプレゼンテーションの場合は，直接その場で質疑応答がおこなわれることが多いでしょう。質問者がわかる場合は，その人に話しながらも聴衆全体に向けて話します。質問に対して回答している最中には，質問者の表情や反応をよく見て，質問に向けて適切に回答しているか，質問者は回答に納得しているかどうかを確認します。もし回答が不十分だったら発表後に尋ねてくださいと伝えると，相手への配慮だけでなくコミュニケーションを深める機会につながります。質問者がわからない場合は，全員が質問者のつもりで全体に話します。もし質問された内容がわからない場合は「すみません，もう一度質問をお願いできますか」と聞き直し，いいかげんに回答することがないようにします。聞いている人の中にプレゼンテーションを評価する人物が含まれている場合もあります。例えば卒業研究の口頭発

表ではゼミの担当教師，就職活動では人事担当者や決断を握っている人物です。このような人が誰かわかる場合は，質問者に対して回答を伝えながら同時に，その重要人物にアイコンタクトをして，その人の表情や反応も確認します。その状況で質問への回答を誰に最も理解してもらう必要があるのか考えてみましょう。

> **ポイント**
> ・質疑応答は内容のみならず熱意や人格的な側面についても評価されている
> ・どのような質問がくるか準備段階から質問を想定し，使えそうな資料はスライドに残しておく
> ・質疑応答は聴衆とコミュニケーションが取れる貴重な機会

[54] 他のプレゼンテーションを見て学ぶ

　自分がプレゼンテーションをするのと同じくらい，人のプレゼンテーションから学ぶことはたくさんあります。よいところはまねしつつ，よくないところをしないように気をつけましょう。人のプレゼンテーションを聞きながら，自分のプレゼンテーションを聞く聴衆の立場になってみるのです。そうすれば，自分の中に聴衆を住まわせ，他者の視点から見て「ここはわかりやすい」「ここはわかりにくい」といった思考ができるようになります。多くの人をひきつける何か，人がどのようなものをどのように評価するか，その評価と自分の評価にギャップはあるのかどうか，こういったことを知ることはプレゼンテーションだけでなくあらゆることにおいて役立ちます。そのためには，数多くプレゼンテーションに触れて，自分の好き嫌いの軸を見つけていくことが自分のスキルの向上につながります。同様に，多くの人の心を離す何かについても考えてみましょう。言葉にしにくいものですが，残念な感じを抱くきっかけは案外，共通しているものです。発表しているのに本人がよく知らなかったり，間違っていたり，考えや準備が足りない時に信頼が崩れます。また，良いプレゼンテーションについても順位をつけようとすると難しくなります。1番良かったプレゼンテーションはどれでしょうか。それは2番目に良かったプレゼンテーションとどう違いますか。平均以上になるとどのプレゼンテーションもそれぞれ個性があって持ち味がありますが，複数の評価者で投票すると順番がつきます。この多数決で決まる順番にプレゼンテーションで聴衆の心をつかむコツが隠されています。人のプレゼンテーションから気づいたことはメモを取ってTo Doリストにすることが効果的です。そのリストを見ればいつでもプレゼンテーションを改善することができます。

　プロのプレゼンテーションをよく見て比較すると，自由ななかに共通する何かがあるものです。例として，自然体で本人が心から楽しんでメッセージを伝えていたり，聴衆の反応に対してオープンで防御的でない，対話的であることが挙げられます。YouTubeなどのインターネット上の動画では手軽に様々な種類のプレゼンテーションを見ることができます。聴衆として楽しんで，このようなプレゼンテーションをしてみたいなと思うお手本を探し，どこが良いのか考えてみましょう。受けた印象について議論することがプレゼンテーション技術の向上に欠かせません。自分の評価と他者の評価がどのように違うのか，そのような評価をする人がいるという聴衆の多様性を理解します。このようなことを繰り返すことで自分が大事にしている軸が固まっていき，見る目も養われていきます（『大学生のためのプレゼンテーション入門』，他者から学ぶ，p. 33参照）。

> **ポイント**
> ・人のプレゼンテーションを見て，良いところはまねをして，悪いところはまねしないように気をつける
> ・気づいたことをすぐに活かすためにメモを取り，To Do リストを作る
> ・プレゼンテーションを他の人と一緒に評価し，どこが良いか議論することで価値観の多様性を知る

[55] 聴衆とラポールを形成する

　ラポールとは良好な人間関係のことで，コミュニケーションには欠かせないものです。もし聴衆がもともとよく知った人たちで，仲が良い場合は人間関係ができているためプレゼンテーションはやりやすいでしょう。一方で，今まで会ったことのない知らない聴衆に対しては，関係をつくりつつ同時にプレゼンテーションを理解してもらうのは難しいものです。聴衆とラポールを形成するためには，聴衆の期待を知り，それに応えることが不可欠です。聴衆がプレゼンテーションにどれくらい興味をもって積極的に聞こうとしてくれるか（＝動機づけ）によって聞き方が変わってきます。まずは聴衆の心理を動機づけの高低で分けて想像してみましょう。

　動機づけが高い聴衆：もともとプレゼンテーションの内容に興味をもって時間やお金などのコストをかけて聞きに来てくれた聴衆は動機づけが高いと言えます。そのような聴衆は，興味関心が既にあるため，どのように伝えるか，プレゼンテーションの内容に集中することができます。興味関心が高いということはある程度，そのテーマについて詳しくよく知っている場合があります。知識がある人でもプレゼンテーションを聞いて満足してもらえるように工夫します。また，聴衆が知識があることを認めてもらいたいという欲求を満たすことも重要です。

　動機づけが低い聴衆：なぜこの場にいるのかわからない，嫌々プレゼンテーションを聞かされる人たちは動機づけが低いと言えます。このような人たちは興味関心がないうえに，人の話を聞く準備ができていません。できるだけ楽をして時間をやり過ごしたいという人もいるでしょう。このような人たちに理解をしてもらうためには，テーマについて興味関心がなくとも「じゃあ聞いてみようかな」と思えるきっかけを与える必要があります。テレビを見ようと思ってないのについ見てしまう状況を思い浮かべてください。「難しくありません」「リラックスして聞いてください」など聞き方を提示するのも効果的です。

　上記に述べたように，動機づけだけでも高い人から低い人まで様々な聴衆が想定されます。その中で，聴衆がプレゼンテーションに求めることは，「なぜ今発表者からその話を聞かなければいけないの？」という疑問に答えることです。「なぜ今か？」についてはプレゼンテーションをすることになった経緯を話しましょう。例えば，「誰かから依頼された」「発表会が開催されることになったから」などがあるでしょう。「なぜ私か？」については，「プロジェクトのリーダーだったから」「その研究を二人で担当したうち，自分が発表担当になったから」が考えられます。第3章第1節の説得の3要素で述べたとおり，プレゼンテーションで人格は重要な部分です。自分がその話をするに足りる人物であることを経歴や実績，人柄について自己紹介しましょう。「なぜその話か」については，自己紹介と合わせてそのテーマを話すに至った経緯や流行を踏まえて背景と目的を説明しましょう。例えば，サークル紹介の場合は「私たちは〇〇サークルに所属しています。新1年生に興味をもってもらい，できるだけたくさんの人に入部してもらうために，サークル活動の内容について紹介します」や，卒論の場合は「先行研究では〇〇がわかっているが，△については検討していなかった。そこで，私はこれまでのパイロット調査より×の有効性に着目し，このテーマにつ

いて研究することになった」です。目的を決めるうえで，発表者として聴衆をどのように見ているかという想定も考えます。上記のサークル紹介の例であれば，聴衆は「サークルについて何も知らない人」ということになります。卒論については「先行研究は知っているが，自分が発表しようとしている内容については知らない」ということになります。そうすると，「知ってもらうことが目的」「知って入部してもらうことが目的」というように具体的な聴衆のアクションにつながります。何のために聞かされているのかわからないと聴衆も戸惑ってしまいます。このように聴衆の興味関心や知識・動機づけを勘案し，想定することでプレゼンテーションのメッセージが明らかになります。

　聴衆をよく知り，その人たちが知りたいことをこちらから伝える。そうすることで「聞きたい」「話したい」という関係を作ることができます。最初にわかりやすい話から始めて「この人は自分の気持ちをわかろうとしているんだな」と思ってもらってから，自分が伝えたいことを詳しく話します。聴衆を放っておいて，自分の話だけしないように気をつけてください。

> ポイント
> ・プレゼンテーションでは聴衆との関係づくりが重要
> ・聴衆がどれくらい興味関心をもっているかあらかじめ分析することが役に立つ
> ・「なぜ今あなたからその話を聞かなければいけないの？」という聴衆の疑問に答える

[56] 学習の習慣を見直す

　プレゼンテーションは普段，自分がインプット・アウトプットをどのようにおこなっているかについて学習の習慣を見直すのに適しています。インプットばかりしていざ誰かに説明しようとすると困るという人もいるでしょう。あるいは，人に説明ばかりしてあまり新しい知識や情報を学ぼうとしていないという人もいるはずです。プレゼンテーションに限らず，自分が知っている範囲でアウトプットし続けるといつかはその内容は古くなり，知的資源も尽きます。プレゼンテーションを機会に知らないことを探り新しい知識やものの見方を知ることで，自分の考えも新しくなり伝える価値のあるものとなるでしょう。インプットがあってはじめてアウトプットできます。このように「知らないことを知ろうする」「わからないことを学ぼうとする」姿勢は発表者の信頼感につながります。なぜなら，嘘をつき詐欺まがいのことをする人を信用できるでしょうか。人は態度や言葉や表情からその人のインプット・アウトプットのバランスを察知し，それを手掛かりにその人の信頼性を判断しています。

　この時に，他者に説明するからこそ説明の方法を考えながら情報を探索する，このアウトプットを前提としたインプットが役に立ちます。アウトプットを想定するとインプットの質も向上するからです（『大学生のためのプレゼンテーション入門』，インプットあってのアウトプット，p. 34 参照）。ある人は，プレゼンテーションをすることになったらどんどん興味関心を広げて情報を集め，考えを深めていくのに対して，ある人は手持ちの情報だけでどうにかしようとする。この2人が作成するプレゼンテーションの出来が異なることは簡単に予想がつくでしょう。また1回のプレゼンテーションでは差が見えないかもいれませんが，大学4年間で考えてみれば，プレゼンテーションをするたびに知識や情報がどんどん増えていく人と，ほとんど変わらない人では成長の度合いがまったく異なります。

　インプットとアウトプットを考える際に，他者や状況に自分を開くという感覚をもつのも重要です。準備するとき，話すとき，評価するとき，どのようなときにも他者の意見や状況をありのままに受け入れ人に開く感覚を忘れないでください。開くからこそ，自分が知らないことがわかりま

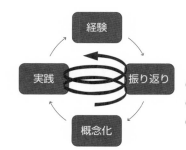

①講義実践で「学んだこと」「気づいたこと」を【記述】
②3つのアプローチから現状と課題を明確にし，理論と関連づけて【分析】
③他者説明の状況で【表現】

図32　コミュニケーション教育における振り返りの支援（中野，2021）

す。隠そうとしないこともインプットとアウトプットの質を高めるコツです。このような姿勢がみなさんの本物の自信に磨きをかけてくれるはずです。他者のプレゼンテーションを見る際に「この人はどれくらい調べて話しているのだろうか？」という視点から評価してみましょう。よいところはまねて，悪いところは自分もなおすという姿勢が物事を学んでいくうえで最も重要です。うまくいっていたとしても，今の自分に足りないところはないかどうか，他者の目で厳しく眺めてみましょう。

> **ポイント**
> ・プレゼンテーションを機会に，インプットとアウトプットのバランスから学習習慣を見直す
> ・インプットをしっかりおこなってアウトプットする姿勢が信頼を高める
> ・人や状況に開くことによってインプットとアウトプットの質を高める

[57] 振り返り

　プレゼンテーションの上達には振り返りが欠かせません。振り返りでは，自分自身のふるまいや発表内容，伝え方などについて思い出し，良かった点や改善点を分析し，プレゼンテーションをよりよくするためのアイディアを得ます。図32はコミュニケーション教育における振り返りの支援方法を示したものです。本項では，振り返りのポイントとして，振り返りのタイミング，振り返りの内容について述べます。

　はじめに振り返りのタイミングについて，振り返りは何らかの実践の事後におこないますが，プレゼンテーションでは中間段階と事後の2回の振り返りが効果的です（図22 p. 61）。中間段階で振り返りをすることによって，残された時間を効果的に使うことができます。また事後の振り返りによって，中間段階の振り返りが効果的であったかどうかについても知見を得ることができます。このように，プレゼンテーションを準備する途中と事後の振り返りが習慣化されれば，2回目，3回目とプレゼンテーションの経験を積むにつれて成長の幅も大きくなります。

　振り返りの内容については，うまくいったところ，うまくいかなかったところについての具体的な振り返りはもちろんのこと，知識やスキルがどう役立ったのかという抽象的・理論的な振り返りも重要です。ここでは，具体的な実践に関する振り返りと，プレゼンテーションの学びについての振り返りの2つに分けて述べます。1つ目の実践についての振り返りは，①内容，②伝え方，③見せ方，に分けられます。これらの項目に沿って振り返ることで，バランスよくパフォーマンスを改善することができます。それぞれ良かった点，改善点を考えて紙に記述します。また，他者のプレゼンテーションを見ることができる場合は，他者から学んだことについてもこの項目に沿って振り返りをしてみましょう。特に伝え方は自分では正確に把握しにくいため，動画や音声を録画・録音

しておくのがよいでしょう。iPad やスマートフォンを使用して，自分が聴衆からどう見られているか，声がどのように聞こえているかを自分で確認します。現実の姿を見ることで思い込みに気づいたり，思ったより良かった点も見つかることもあります。

　プレゼンテーションの学びについての振り返りは，さらに学びを深めるために重要です。例えば，よくある反省に「スライドのアニメーションを凝り過ぎて，発表練習ができなかった」「緊張して原稿を見てしまった」が挙げられます。このような課題に対して「発表練習を増やす」「発表では原稿を見ない」というようにその場しのぎの対策を考えがちですが，これらの行動に影響を与えている自分の認識や考え方について掘り下げて考えます。「実はアニメーションがとても効果的だと思っている」「本当は聴衆の顔を見たくない」ということもあるでしょう。実際は説得力のあるプレゼンテーションにはアニメーションの有無ではなく全体的なバランスが重要ですし，聴衆の様子を見ながら対話をすることが説得力のあるプレゼンテーションにつながります。このように，振り返りを丁寧におこなうことで，「アニメーションは凝り過ぎるとよくない」「聴衆とどのように対話するか」など次に取り組むべき課題や問いが見えてきます。さらに，(1)自分が気づいたところ，(2)他者のプレゼンテーションから気づいたところ，(3)他者から指摘されて気づいたところの3つに分けてみます。この3つのアプローチにより学び方の傾向を分析できます。

　以上に述べた振り返りは一人でじっくり考えるのも大事ですが，その後に誰かに説明する状況を用意し，一緒に振り返りを共有すると新たな気づきが得られます。オンラインで振り返りを共有するのも効果的です。自分と他者の振り返りを統合することでさらに深い学びが可能になります。

ポイント

・プレゼンテーションを上達させるためには中間段階と事後の2回の振り返りが効果的
・具体的な振り返りだけでなく，認識や学び方に偏りがないかも分析する
・振り返りを他者と共有することで気づきを増やす

---

[58] 資料の保存

　プレゼンテーションが終わるころにはその過程で調べた資料やデータがたまっていることでしょう。この資料や作成したスライドは必ず保存するようにしましょう。なぜなら，プレゼンテーションを今度することになった場合，それを微修正する形で利活用することはたくさんあるからです。その時はもう必要ないと思っても，いつか参考にするために必要になることも多いものです。重要なポイントは，後から探したときにすぐわかるように保存しておくことです。ただ保存しておくだけでは，後から見返したときにどれを見てよいのかわからなくなります。以下にデータ，原稿，配布資料に分けて説明します。

　データの保存：本番で使用したスライドのみならず，作成過程のスライドも残しておきましょう。後々のために，作成段階からファイルは更新するたびに日付を入れて名前を付けておくと後でわかりやすいです。トラブルによってデータがなくなってしまうこともあります。複数の場所にこまめに保存しておくことが，プレゼンテーションの上達に欠かせません。この時に不要なものは削除しましょう。

　原稿の保存：本番で用意した書き込みのある原稿は貴重な資料になります。そのままとっておきましょう。可能であれば，改善点や気づいたことも書き残しておくと後で読んだ時に鮮明に思い出すことができます。写真に撮ったり，スキャンをしてデータとして残す方法もあります。

　配布資料の保存：聴衆に配布した資料がある場合も保存しておきましょう。電子ファイルでもよいですが，1部印刷して余ったものがあれば残しておきます。

ポイント

・プレゼンテーションが終わったら資料を保存しておくことが次のプレゼンテーションの役に立つ

・スライドのファイルは本番で使用したものだけでなく，作成途中のものも残しておく

・配布資料や原稿は電子ファイルだけでなく，実物も１部ずつ残しておき，メモを書いておくと後から思い出しやすい

参考文献

Csikszentmihalyi, M.（1975）．*Beyond boredom and anxiety: Experiencing flow in work and play*. San Francisco, CA: Jossey-Bass.（チクセントミハイ, M. 今村 浩明（訳）（1996）．フロー体験 喜びの現象学 世界思想社）

Gartner inc.（2005）．Gartner Says Technical Aptitude No Longer Enough To Secure Future for IT Professionals, Gartner Press Release, 9 November 2005.〈https://www.gartner.com/newsroom/id/492218〉（2022 年 7 月 5 日閲覧）

Georgette, Y.（2008）．STEAM Education: An overview of creating a model of integrative education. *Pupil's Attitudes Toward Technology*, *19*, 335-358.

Kolb, D. A.（1984）．Experiential learning: Experience as source of learning and development. Upper Saddle River, NJ: FT Press.

Nakano, M.（2012）．The parallel-repeated design of argumentation and management for intercurricula learning. European Association for Research on Learning and Instruction SIG 4 Higher Education Conference. Conference Book, Tallin University, Estonia, 109-110.

Nakano, M.（2014）．Effects of parallel-repeated design of argumentation and management on higher education. *Advanced Management Science*, *3*(2), 48-54.

Nakano, M., & Hiruma, F.（2014）．Exploring learners' chronotope of learning. 4th International Congress of International Society for Cultural and Activity Research Congress, Sydney, Australia.

Nakano, M.（2017）．Effect of reflection in the parallel-repeated design for argumentation and management. JUSTEC2017, University of Hawaii at Manoa.

Nakano, M.（2019）．Four-layered question approach to discuss social problems in Japan for STEAM literacy: A case of "the declining birthrate and aging society". The proceedings of the First Ocean Park International STEAM Education Conference. June 21-22, Hong Kong.

Nathan, B., & James, L.（2014）．What VUCA Really Means for You. Harvard Business Publishing.〈https://hbr.org/2014/01/what-vuca-really -means-for-you〉（2022 年 7 月 26 日閲覧）

Ryan, R. M., & Deci, E. L.（2006）．Self‐regulation and the problem of human autonomy: Does psychology need choice, self‐determination, and will? *Journal of Personality*, *74*(6), 1557-1586.

Tuckman, B. W.（1965）．Developmental sequence in small groups. *Psychological Bulletin*, *63*, 384-399.

Tuckman, B. W., & Jensen, M. A. C.（1977）．Stages of small-group development revisited. *Group & Organization Studies*, *2*(4), 419-427.

Winograd, E.（1981）．Elaboration and distinctiveness in memory for faces. *Journal of Experimental Psychology: Human Learning and Memory*, *7*(3), 181-190.

アリストテレス 戸塚 七郎（訳）（1992）．アリストテレス弁論術 岩波書店

浅田 すぐる（2021）．トヨタで学んだ「紙1枚！」にまとめる技術 サンマーク出版

ドラッカー, P. F. 上田 惇生（訳）（2000）．プロフェッショナルの条件——いかに成果をあげ, 成長するか ダイヤモンド社

榎本 博明（2010）．子どもの「自己肯定感」のもつ意味味——自己肯定感の基盤の揺らぎを乗りこえるために 児童心理, *910*, 1-10.

ヘーゲル, G. W. F. 熊野 純彦（訳）（2018）．精神現象学 筑摩書房

ハインリックス, J. 多賀谷 正子（訳）（2018）．THE RHETRIC 人生の武器としての伝える技術 ポプラ社

稲増 一憲・三浦 麻子（2016）．「自由」なメディアの陥穽：有権者の選好に基づくもうひとつの選択的接触 社会心理学研究, *31*(3), 172-183.

一般社団法人日本メンタルトレーナー協会（2022）．メンタルトレーニングとは〈https://www.mentaltrainer.or.jp/mentaltraining/〉（2022 年 7 月 5 日閲覧）

波多野 誼余夫・稲垣 佳世子（1973）．知的好奇心 中央公論新社

川喜田 二郎（2017）．発想法 [改版]——創造性開発のために 中央公論新社

北尾 倫彦（2020）．「深い学び」の科学：精緻化・メタ認知・主体的な学び 図書文化社

コルブ, D.・ピーターソン, K. 中野 眞由美（訳）（2018）．最強の経験学習 辰巳出版

中島 輝（2019）．自己肯定感ノート SB クリエイティブ

中野 美香（2007）．実践共同体における大学生の議論スキル獲得過程 認知科学, *14*(3), 398-408.

中野 美香（2007）．説明と口頭表現 比留間 太白・山本 博樹（編）説明の心理学：理論と実践（pp. 53-64）ナカニシヤ出版

中野 美香（2010）．大学1年生からのコミュニケーション入門 ナカニシヤ出版

中野 美香（2011）．議論能力の熟達化プロセスに基づいた指導法の提案 ナカニシヤ出版

中野　美香（2012）．認知的徒弟制環境の中でのティーチング・アシスタントの学習スパイラル　小田　隆治（編著）学生主体型授業の冒険２：予測困難な時代に挑む大学教育（pp. 184-201）ナカニシヤ出版

中野　美香（2012）．社会人基礎力を指標としたプレゼンテーション教育のデザイン――コミュニケーションとマネジメントの並行反復学習　電気学会誌 A, *132*（12），1106-1111.

中野　美香（2013）．議論能力育成を目的とした授業における相互評価に対する学習者の認識　教育工学，*37* Suppl, 185-188.

中野　美香（2012）．大学生からのプレゼンテーション入門　ナカニシヤ出版

中野　美香（2013）．実践コミュニティ創生型議論評価システムの開発：アーギュメンタティブ・ディスコースの道具の効果　福岡工業大学エレクトロニクス研究所所報，*30*, 37-42.

中野　美香（2014）．ディスカッション：学問する主体として学び合う社会を担う　富田　英司・田島　充士（編著）　大学教育――越境の説明をはぐくむ心理学（pp. 111-126）　ナカニシヤ出版

中野　美香（2017）．アクティブ・ラーニングとしてのプレゼンテーション教育のデザイン：VECT と並行反復学習法の効果　第 23 回大学教育研究フォーラム論文集，132-133.

中野　美香（2018a）．大学におけるプレゼンテーションの学びとは：「プレゼンテーション基礎」の受講者の分析を通して　九州大学基幹教育院 基幹教育紀要，*4*, 7-22.

中野　美香（2018b）．大学生からのグループ・ディスカッション入門　ナカニシヤ出版

中野　美香（2018c）．議論における多角的な思考の促進要因と評価基準の探索　日本教育心理学会第 60 回総会発表論文集，286.

中野　美香（2018d）．深い学びにつながる教養としてのプレゼンテーション――大学生が社会をよりよくするためにできること　第 24 回大学教育研究フォーラム論文集，108.

中野　美香（2019）．「書く力」と「話す力」の基盤としての議論教育プログラムの設計と効果　九州大学基幹教育院 基幹教育紀要，*5*, 3-13.

中野　美香（2021）．遠隔講義におけるコミュニケーション教育：プレゼンテーション基礎とレトリック基礎の振り返りの分析と提案　九州大学基幹教育院 九州大学基幹教育紀要，*7*, 31-40.

中野　美香・麻生　祐司（2015）．学生―教師間のコミュニケーションのツールとしての議論教育用ルーブリックの開発と活用　日本コミュニケーション学会

中野　美香・松本　邦明（2019）．「越境の説明力」育成を目的としたプレゼンテーション・セミナーの効果：スーパーグローバルハイスクールにおける生徒の学びの指標開発　日本教育心理学会第 61 回総会論文集

中野　美香・下園　大貴（2019）．大学生の情報収集行動に影響する要因の探索：新聞コミュニケーション・コンクール受賞者との比較を通して　日本 NIE 学会誌，*14*, 17-24.

西岡　加名恵・田中　耕治（2009）．「活用する力」を育てる授業と評価・中学校――パフォーマンス課題とルーブリックの提案　学事出版

西川　一二・雨宮　俊彦（2015）．知的好奇心尺度の作成――拡散的好奇心と特殊的好奇心　教育心理学研究，*63*（4），412-425.

パウシュ，R. F.　矢羽野　薫（訳）（2013）．最後の授業――ぼくの命があるうちに　SB クリエイティブ

宮本　知加子・中野　美香（2010）．コミュニケーションに消極的な学生をどう支援するか――プレゼンテーション教育におけるカウンセリング技法　電気学会 教育フロンティア研究会資料，*23*, 47-52.

宮本　知加子・中野　美香（2011）．プレゼンテーション教育におけるコミュニケーションに消極的な学生の自己認識　電気学会 教育フロンティア研究会資料，*1*, 81-85.

宮本　知加子・中野　美香（2012）．プレゼンテーション科目におけるセルフモニタリングの導入と効果　電気学会誌 A, *132*（12），1100-1105.

ショーン，D. A.　柳沢　昌一・三輪　建二（訳）（2007）．省察的実践とは何か――プロフェッショナルの行為と思考　鳳書房

タヴァナー，D.　稲垣　みどり（訳）（2020）．成功する「準備」が整う世界最高の教室　飛鳥新社

山極　壽一（2018）．学術の展望と『大学』の未来　シンポジウム「2040 年の社会と高等教育・大学を展望する」第 26 回大学教育研究フォーラム

ウェブサイト
コミュニケーション教育のための教授学習支援　〈http://commedu.net〉

インタビュー記事
中野　美香（2012）．自著を語る『大学生からのプレゼンテーション入門』週刊教育資料 7 月 16 日　1215

索　引

事項索引

人名・団体名索引

付　　録

資料 1

【ウェブサイト】

コミュニケーション教育のための教授学習支援プログラム

http://www.commedu.net

【コミュニティ】

Researchmap「プレゼンテーションの教授学習を考える」（承認制）

https://researchmap.jp/community/%E3%83%97%E3%83%AC%E3%82%BC%E3%83%B
3%E3%83%86%E3%83%BC%E3%82%B7%E3%83%A7%E3%83%B3%E3%81%AE%E6%95
%99%E6%8E%88%E5%AD%A6%E7%BF%92%E3%82%92%E8%80%83%E3%81%88%E3%
82%8B

資料 2　プレゼンテーションのルーブリック

テーマ	レベル 1	レベル 2	レベル 3	レベル 4
1．声	普通どおりに話している	声を大きくしようと意識を待つ	声が大きく聞き取りやすい	声が大きいとともにはっきりと話していて，しっかり伝わる
2．アイコンタクト	画面だけしか見ていない	聴衆に目を向けることがあるが，画面を見る時間が長過ぎる	画面と聴衆，バランスよく見ながら話すことができる	画面よりも聴衆を見ることの方が多く，目を見て話せる
3．ジェスチャー	まったくジェスチャーを入れて話さない	話の中でジェスチャーを入れることがある	強調したい部分にジェスチャーを入れて話せる	常に相手に伝える為にジェスチャーを入れながら話せる
4．話し方	終始早口になってしまった状態で話している。	緊張してしまい，早口になって話していることが多いが，ゆっくり話そうという姿勢が見られる	ゆっくり話せるが，時々早口になる	相手に伝えようとするようにゆっくりと丁寧に話せる
5．衆への配慮	聴衆のことは考えず，自分が話したいように話している	聴衆がわかりづらい箇所には，話を少し付け足しで話すことができる	聴衆みんなが理解できるように気を遣いながら話すことができる	聴衆に対して，わかりづらくないかを尋ねながら話すことができる
6．声のトーン	声のトーンを変えずに話している	一定にトーンで話を進めるが，一番大事なポイントだけにはトーンを変えることがある。	常にスライドの中で強調したい部分にトーンを変えて話すことができる	発表で常にトーンを変えながら話すことができるだけでなく，質疑応答もトーンを変えて話せる
7．画面	相手を見る余裕がなく画面だけ見ている	画面に集中してしまう時間が多いが，聴衆に目を向けようとする姿勢も見られる	画面を見る時間は少なく，聴衆を見ながら話すことができる	ほとんど画面見ることなく話すことができる。話すときは相手を常に見てる
8．アイディア	スライドにアイディアがほとんど入っていない	決められた分のスライドを作り，適度にアイディアを入れる	すべてのスライドに考えたアイディアが入っている。まとめ方簡潔でわかりやすい	他に人が考えつかないようなアイディアを入れており，スライドすべてに盛り込まれている

9.　絵や写真の挿入	文だけでスライド作っている	ほぼ文だけのスライド構成だが写真を取り入れているスライドがある	文と写真のバランスが良く，聴衆に伝わりやすいスライドになっている	説明が文だけでは足りない箇所に確実に写真が入っており，聴衆に伝わるスライド
10.　グラフ	数値データに対してグラフを用いていない	数値データを入れる際に，グラフを付け足すことができている	グラフを入れているだけではなく，比較ができるように色分けをすることで配慮ができている	グラフは色分け，大きさの調整がされており，グラフの説明文も導入されている
11.　前後の比較	今作ったものだけのスライド構成	前に作ったものと，今作ろうとしているものの比較がある	前と今の比較を入れるとともに新たなアイディアをスライドに描かれている	前と今の比較を写真と文で表現するだけでなく，変わったことの良い点，悪い点が記されている
12.　大きさやフォント	文字の大きさとフォントが統一されていない	大きさは統一されているが，フォントにばらつきがある	大きさとフォントを統一することができている	文字の大きさは聴衆が見やすい的確なサイズになっており，フォントも均等にされている
13.　引きつける内容	わかりづらい表現が多く，聴衆に伝わりづらい内容	スライドとしては，最低限完成されたものである	文や写真を入れて，調べた小ネタを取り入れる工夫がされている	文や写真を取り入れるだけではなく，調べた情報を付け足したり，皆が知っていることを入れている
14.　簡潔にまとめる	短い文でまとめられておらず，長い文でまとめられている	相手に伝えようとするために，文が長くなってしまっている	文の長さはちょうどよいが，内容が薄いものになっている	的確な文の長さ，言葉選びが完璧で伝わりやすく簡潔にまとめられている
15.　発表の雰囲気	聴衆に意見求めず，自分が話したいことだけを話している	聴衆に質問がないかを尋ねることができる	聴衆からの反応があればそれに上手く返すことができる	聴衆に意見を求めて，考えている意見をその場で言うことで，発表を盛り上げることができる
16.　質疑応答	質疑応答で聞かれてもわかりませんと答える	質問されたらわかりませんとは言わずに何か考えて発言できる	調べた情報と自分の考えを駆使して，相手に伝えることができる	質問に丁寧に対応でき，納得してもらえるように発言をすることができる
17.　ユーモア	プレゼンをただ読んで発表する状態	聴衆に向けてリラックスした状態で話すことができる	型苦しくスライドをするだけでなく，たまには冗談も言うことができる	リラックスした状態で，真剣に伝えたい部分は力を入れ，ユーモアを的確な箇所で入れて話せる
18.　発表の準備	準備を計画的に考えることができる	計画どおりに準備をしてくることができる	準備してきたことを最大限に発揮して発表することができる	相手が質問してきそうなことまで予想し，隅から隅まで情報を集め，発表することができる
19.　情報力	質疑応答で聞かれそうな質問を予測することができる	聞かれそうな質問について，情報を集め，準備することができる	どこを聞かれてもよいようにまんべんなく情報を集めておくことができる	どの箇所に対しても不備なく情報を集めており，質疑応答で聞かれても，柔軟に対処ができる
20.　場の空気	聞いている人が見ることができる	聞いている人が興味をもっているかを判断することができる	聞いている人が興味をもつように話を工夫し，表情を見ながら話すことができる	聞いている人を常に確認することができ，分かってなさそうなら声の大きさやトーンをその場で変えることができる

著者紹介

中野美香（なかの　みか）

九州大学大学院比較社会文化学府国際社会文化専攻博士後期課程修了 博士（比較社会文化）
現在，福岡工業大学教養力育成センター 教授

中野美香　2021　遠隔講義におけるコミュニケーション教育：プレゼンテーション基礎とレトリック基礎の振り返りの分析と提
　　　　　　　　案　九州大学基幹教育紀要，7，31-40．九州大学基幹教育院
中野美香　2020　大学生の知的好奇心をどのように育むか：「知と教養」の設計と効果　工学教育，68（4），4-86‐4-89.
中野美香　2018　大学生からのグループ・ディスカッション入門　ナカニシヤ出版
中野美香　2012　大学生からのプレゼンテーション入門，ナカニシヤ出版
中野美香　2010　大学生1年生からのコミュニケーション入門　ナカニシヤ出版

日本コミュニケーション学会35周年記念論文奨励賞受賞（2006），日本認知科学会奨励論文賞受賞（2008），日本工学教育協会
研究講演会発表賞受賞（2009），九州工学教育協会賞受賞（2010），福岡工業大学ベストティーチャー賞（2011-2014）など

プレゼンテーション教育ハンドブック
VUCA の克服のために

2023 年 1 月 10 日　初版第 1 刷発行　　　（定価はカヴァーに表示してあります）

　　　　　　　　著　者　中野　美香
　　　　　　　　発行者　中西　良
　　　　　　　　発行所　株式会社ナカニシヤ出版
　　　　　　　　〒606-8161　京都市左京区一乗寺木ノ本町 15 番地
　　　　　　　　　　　　　　Telephone　　075-723-0111
　　　　　　　　　　　　　　Facsimile　　075-723-0095
　　　　　　　　　　Website　http://www.nakanishiya.co.jp/
　　　　　　　　　　E-mail　　iihon-ippai@nakanishiya.co.jp
　　　　　　　　　　　　　　郵便振替　01030-0-13128

装幀＝白沢　正／印刷・製本＝ファインワークス
Copyright © 2023 by Mika NAKANO
Printed in Japan.
ISBN978-4-7795-1645-0　C3037